Eva Helle

Durchblutung natürlich stärken

Eva Helle

Durchblutung natürlich stärken

So lindern Sie wirksam
Durchblutungsstörungen

Weltbild

Inhalt

Vorwort 8

Durchblutungsstörungen erkennen und behandeln 10

Die Aufgaben der Adern 10

Der Kreislauf 11

Das Herz-Kreislauf-System 12

Erscheinungsformen von Durchblutungsstörungen 14

Arterielle Durchblutungsstörungen 15

Venenerkrankungen 16

Weitere durchblutungsbedingte Erkrankungen 17

Hände können heilen: Wie, das erfahren Sie ab Seite 22.

Ursachen von Durchblutungsstörungen 18

Arteriosklerose 18

Muskelverspannungen 18

Die Heilkraft der Hände 22

Sanfte Heilung durch Massage 22

Aromatherapie 23

Verschiedene ätherische Öle 23

Was Sie beim Kauf von Aromaölen beachten müssen 27

Die Zubereitung von Massageölen 28

Die Massage 30

Zur Technik 31
Die Eigenmassage der Hände und Arme 33
Die Eigenmassage der Füße und Beine 34
Die Eigenmassage von Schulter und Nacken 36
Bauchmassage bei durchblutungsbedingten Verdauungsstörungen und Blähungen 36
Die Rückenmassage mit einem Partner 37
Die Kopfmassage mit einem Partner 38
Die Bauchmassage mit einem Partner 39
Die Partnermassage der Arme und Beine 40

Bürstenmassage 41

Natur- oder Kunstfaser? 41
Zur Technik der Bürstenmassage 43

Die Fußreflexzonenmassage 43

Die Wirkung der Fußreflexzonenmassage 44
Zur Technik der Fußreflexzonenmassage 45

Akupressur 47

Die Energiebahnen des Körpers 49
Die Wirkung der Akupressur 50
Bei der Behandlung zu beachten 51
So finden Sie den Behandlungspunkt 52

Die Heilkraft des Wassers 56

Das Wasser im menschlichen Organismus 56

Wasser als Lösungs- und Transportmittel 57
Die Wirkung von Wasser 58
Wasseranwendungen nach Pfarrer Kneipp 59
Grundregeln der Behandlung 60
Auflage, Wickel und Packung 75
Die Sauna 80

Seit Millionen von Jahren hat sich der Ginkgo nicht verändert. Die Botaniker bezeichnen den Baum mit der umfangreichen Heilwirkung deshalb als lebendes Fossil.

Die Heilkraft der Pflanzen 84

Die Pflanze als Ganzes 84

Sammeln und trocknen 84
Zubereitungsformen der Heilpflanzen 85
Die Anwendung 91
Heilpflanzen zur Selbsthilfe 92

Vier Schritte zu einem gesünderen Leben 112

Atemtherapie 112

Der Einfluss unserer Lebensweise auf die Atmung 112
Bewusste, natürliche Atmung 114
Atemübungen 114
Vorbereitende Übungen 115
Nasenatemübungen 118
Übungen zur Zwerchfellatmung 120

Heilpflanzen lassen sich auf vielfältige Weise zubereiten: als Presssäfte, Extrakte, Tinkturen, Auszüge, Tees, Aufgüsse, Öle und Salben.

Übungen zur Bauchatmung 120
Übungen zur Lendenatmung 121
Übungen zur Brustatmung 122
Übung zur Rückenatmung 122

Gesund und fit durch Bewegung 123
Fitness ist messbar 123
Gesund durch Ausdauertraining 123
Welche Sportarten sind geeignet? 126

Gesunde, vollwertige Ernährung 129
Fehler und Folgen der ungesunden Ernährung 130
Vorbeugende Ernährung für Blutkreislauf und Gefäße 130

Sport und Bewegung sind zwei wichtige Faktoren für die Gesundheit.

Gymnastik bei bereits bestehenden Durchblutungsstörungen 134
Übung 1 134
Übung 2 136
Übung 3 136
Übung 4 137
Übung 5 138
Übung 6 138
Übung 7 140

Glossar 141

Über dieses Buch 142

Stichwortverzeichnis 143

Vorwort

Durchblutungsstörungen der Arterien und Venen haben in den Industrieländern den Charakter einer Epidemie angenommen. Dieses Buch zeigt den Betroffenen, was sie selbst gegen ihre Krankheit tun können.

Unter dem Begriff Durchblutungsstörungen fasst man eine Reihe recht verschiedener Erkrankungen zusammen. Kribbeln, Taubheitsgefühl, unterschiedliches Schmerzempfinden, kalte Finger und Zehen, Gefäßkrämpfe in den Beinen und Schwellungen sind Symptome, die auf Durchblutungsstörungen der einzelnen Körperteile hinweisen. Diese Anzeichen müssen ernst genommen und richtig gedeutet werden. Doch viele Betroffene leben jahrelang mit den Symptomen, ohne einen Arzt zu konsultieren.

Das kann schlimme Folgen haben. Am Ende droht die unwiederbringliche Schädigung der Zellen oder gar der Gewebstod der betroffenen Körperpartien; Herzinfarkt, Schlaganfall, Arterienverschluss, Unterschenkelgeschwür, Thrombose und Amputation sind die unvermeidlichen Folgen.

Durchblutungsstörungen vorbeugen

Glücklicherweise stehen viele einfache und natürliche Mittel zur Verfügung, um Durchblutungsstörungen wirksam vorzubeugen oder zu behandeln. Heilpflanzen, Massage, Kneippanwendungen, Homöopathie oder Wickel sowie Gymnastik- und Ausdauerprogramme eröffnen viele Möglichkeiten zur aktiven Selbsthilfe. Auch eine gesunde Ernährung und bewusste Lebensführung spielen bei der Vorsorge und Behandlung von Durchblutungsstörungen eine große Rolle.

Kreislauferkrankungen stehen nach wie vor an der Spitze aller Erkrankungen, an denen Menschen leiden. Die Erkrankungen der Venen, der Schlagadern und der Lymphwege können für den Betroffenen schlimme Folgen haben.

Sehr oft werden Durchblutungsstörungen durch eine ungesunde Lebensweise hervorgerufen oder begünstigt. Bewegungsmangel, Berufe, die vorwiegend oder ausschließlich im Sitzen ausgeübt werden, übermäßiger Nikotin- und Alkoholgenuss, eine ungesunde, zu fette Kost schaffen die besten Voraussetzungen für Durchblutungsstörungen. Ebenso begünstigen bestimmte Krankheiten, besonders Zuckerkrankheit und Bluthochdruck, die Entstehung von Durchblutungsstörungen.

Hilfe aus eigener Kraft

An erster Stelle steht deshalb der Wille, selber etwas für die Gesundheit zu tun und, wenn nötig, schädliche Gewohnheiten aufzugeben. Werden Sie aktiv! Durchblutungsstörungen sind kein unvermeidbares Schicksal. Sie sind verhütbar und heilbar. Durch eine entsprechende Lebensweise können Sie selbst entscheidend zur Heilung Ihrer Durchblutungsstörungen beitragen oder zumindest verhindern, dass sich daraus eine schwere Erkrankung entwickelt. Medikamente allein reichen dazu leider nicht aus, denn auch hier gilt das Wort Sebastian Kneipps: »Du bist so gesund, wie du lebst!«

Notwendige Voraussetzung für den Erfolg einer Selbstbehandlung ist die Bereitschaft, Verantwortung für die eigene Gesundheit zu tragen und sich aktiv mit seinem Leiden auseinander zu setzen.

Natürliche Heilverfahren

Dieses Buch will Ihnen helfen, zu einer gesunden und bewussten Lebensweise zu finden und die Verantwortung für die eigene Gesundheit zu tragen. Die natürlichen Behandlungsmethoden, die hier vorgestellt werden, gründen auf jahrtausendealten Erkenntnissen der ganzheitlichen Heilkunst. Wenn wir diese Erfahrungen nutzen, lernen wir auch wieder, auf wichtige Signale unseres Körpers zu achten, und nicht selten entwickeln wir ein besseres Verhältnis zur eigenen Körperlichkeit.

Die Folgeseiten informieren Sie darüber, wie Sie Ihr künftiges Leben gestalten und was Sie für Ihre Gesundheit tun können. Im ersten Kapitel erfahren Sie, wie Durchblutungsstörungen entstehen und was sie begünstigt. Die darauf folgenden Kapitel haben jeweils eine bestimmte Naturheilweise zum Thema: Den Anfang macht die Massage, es folgen Wasseranwendungen und Heilpflanzen zur innerlichen und äußerlichen Anwendung. Den Abschluss des Buches bilden Atemübungen, Hinweise für eine gesunde Ernährung, Gymnastikübungen zur Kräftigung der Bein- und Armmuskulatur und Tipps für ein gesundes, aktives Leben durch Ausdauersport.

Eva Helle

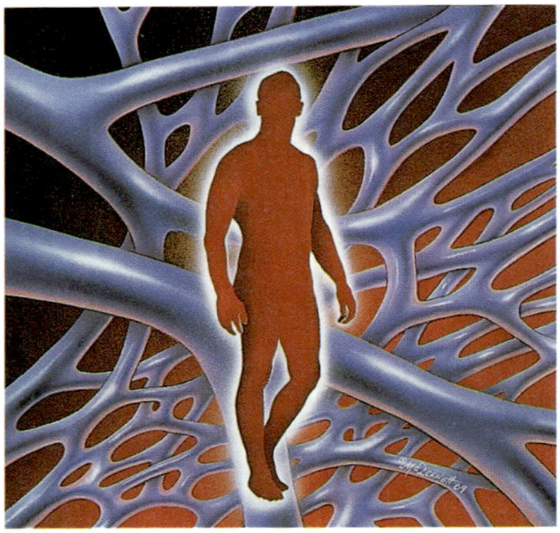

Blutgefäße sind unsere Lebensadern: Durch sie werden die Organe mit allen wichtigen Nährstoffen versorgt.

Durchblutungsstörungen erkennen und behandeln

Um zu verstehen, was Durchblutungsstörungen zugrunde liegt, wie sie zu behandeln sind und wie man ihnen vorbeugen kann, müssen Sie wissen, wie das Gefäßsystem (Arterien, Venen und Lymphgefäße) aussieht, welche Rolle es für den menschlichen Organismus spielt und welche Aufgabe es hat. Ein kurzer Überblick der Funktionsweise des Herz-Kreislauf-Systems steht deshalb am Anfang dieses Buches.

Die Aufgaben der Adern

Ein weit verzweigtes Netz kleiner und großer Adern durchzieht den menschlichen Körper. Über dieses Netz, das Gefäßsystem, wird das Blut im gesamten Körper verteilt. Alle Organe müssen versorgt werden und gut durchblutet sein, damit sie ohne Störung funktionieren. So wie die Kanalisation einer Stadt die Zufuhr lebenswichtigen Frischwassers und die Ableitung des gebrauchten Wassers regelt, transportieren die Blutgefäße im Körper die Nährstoffe, und Abfallprodukte werden abgeleitet.

Über das Blut werden alle Austausch- und Transportvorgänge im Organismus abgewickelt. Es befördert Sauerstoff aus der Lunge und Nährstoffe aus Magen und Darm zu anderen Organen und Geweben. Umgekehrt transportiert es Stoffwechselprodukte, die die Zellen nicht verarbeiten können, zu Nieren, Leber, Darm und Haut, die sie dann abbauen und ausscheiden. Das Blut befördert Hormone, Wasser, Salze, Eiweißstoffe und verschiedene Blutkörperchen, und es ist zuständig für den Wärmehaushalt.

Das Blut dient als Transportsystem des Körpers. In einem Erwachsenen zirkulieren durchschnittlich etwa fünf Liter Blut.

Der Kreislauf

Wie die Bezeichnung Kreislauf besagt, sind die Blutgefäße als Leitungsröhren so angelegt, dass das Blut in ihnen zirkuliert. Damit alle Organe gut durchblutet sind, muss ein bestimmter Druck vorhanden sein. Diese Funktion übernimmt das Herz als zentrales Organ des Herz-Kreislauf-Systems.

Das Herz

Das Herz ist die Druck- und Saugpumpe für das Blut und schlägt beim Erwachsenen mit einer Häufigkeit von 75 bis 80 Schlägen pro Minute. Bei körperlicher Betätigung kann sich die Zahl entsprechend verändern.

Das Herz, ein etwa faustgroßer, kegelförmiger Hohlmuskel, liegt hinter dem Brustbein. Es befindet sich zwischen den Lungen und ruht auf dem Zwerchfell. Die Spitze des Herzens zeigt nach links unten. Mit Blut versorgt wird es von den Herzkranzgefäßen, die wie ein feines Gitterwerk den Herzmuskel überziehen. Das Herz besteht aus einer rechten und einer linken Hälfte, die durch eine Scheidewand voneinander getrennt sind. Die rechte und linke Herzhälfte bestehen aus je einem Vorhof und einer Kammer, die durch die Segelklappen voneinander abgeteilt werden. Die Klappen öffnen und schließen sich, Ventilen gleich, in dem Rhythmus, mit dem sich der Herzmuskel zusammenzieht Systole) und entspannt (Diastole) und so Blut durch den Körper pumpt. Die Anzahl dieser Herzkontraktionen drückt sich im Puls aus.

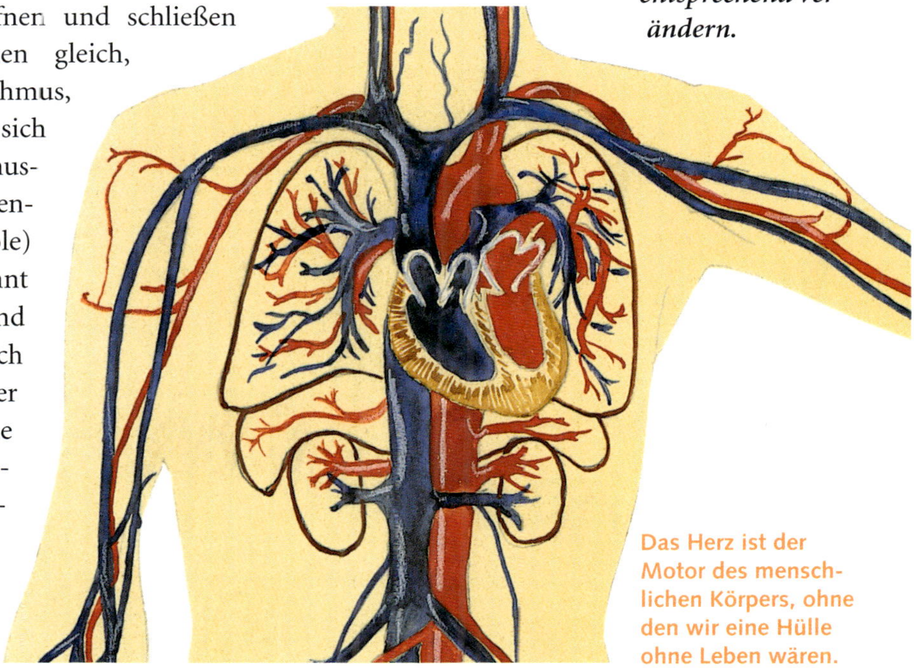

Das Herz ist der Motor des menschlichen Körpers, ohne den wir eine Hülle ohne Leben wären.

Das Herz-Kreislauf-System

Die beiden Vorhöfe und Kammern des Herzens sind durch große Gefäße mit dem Blutkreislauf verbunden: Das sauerstoffhaltige Blut kommt aus den Lungenvenen in den linken Vorhof des Herzens, fließt in die linke Kammer und verlässt durch die Aortenklappe das Herz. Als Aorta wird die Hauptschlagader bezeichnet, die sich nach ihrem Austritt aus der linken Herzkammer aufteilt, um die unterschiedlichen Körperregionen mit sauerstoffhaltigem Blut zu versorgen (Körperkreislauf). Das sauerstoffarme, verbrauchte venöse Blut aus Körper und Kopf kommt durch zwei Venen in den rechten Vorhof, fließt in die rechte Kammer und durch die Pulmonalklappe in die Lunge (Lungenkreislauf). In der Lunge wird das Blut erneut mit frischem Sauerstoff angereichert und gelangt durch das Pumpen der linken Herzkammer in die große Hauptschlagader des Körpers usw.

Der gesamte menschliche Körper ist von Arterien und Venen durchzogen, die in winzigen Haar- oder Kapillargefäßen enden.

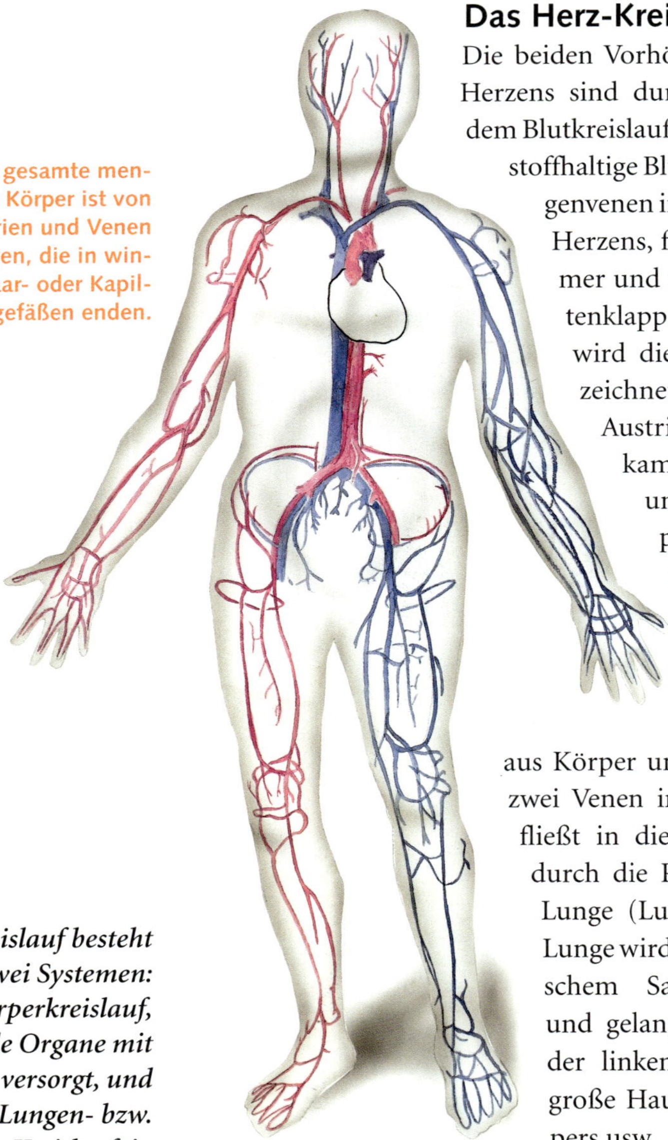

Der Kreislauf besteht aus zwei Systemen: dem Körperkreislauf, der alle Organe mit Blut versorgt, und dem Lungen- bzw. kleinen Kreislauf, in dem das Blut vom Kohlendioxid befreit und mit Sauerstoff versorgt wird.

Arterien und Venen

Auf ihrem Weg durch den Körper verzweigen sich die Arterien immer mehr und enden schließlich in winzigen Haar- oder Kapillargefäßen. Aus den arteriellen Kapillargefäßen gehen Sauerstoff und Nährstoffe in die Zellen. Die venösen Gefäße sind ganz ähnlich aufgebaut: Die venösen Kapillare münden in größere Venen, die schließlich in einigen direkt zum Herzen fließenden Hauptvenen enden.

Im Gegensatz zu den arteriellen Gefäßen, die von einer kräftigen Muskulatur umgeben sind, haben die Venen nur eine schwach ausgebildete Muskulatur. Dafür verfügen sie über so genannte Venenklappen. Diese unterstützen den Rückfluss des Blutes zum Herzen. Ähnlich wie ein Ventil verhindern sie, dass das Blut gegen die Fließrichtung zurückströmt. Intakte Venenklappen sind deshalb besonders wichtig für einen guten, ungehinderten Rückfluss des Blutes aus der Peripherie der Beine und Arme zum Herzen. Zusätzlich wird der Fluss des Blutes durch die Muskelpumpe in den Beinen unterstützt.

Man unterscheidet zwei Arten von Blutgefäßen: die Arterien und die Venen. In den Arterien fließt das sauerstoff- und nährstoffhaltige Blut zu den Zellen. Die Venen hingegen sorgen für den Abtransport des sauerstoffarmen und schlackenreichen Blutes zum Herzen.

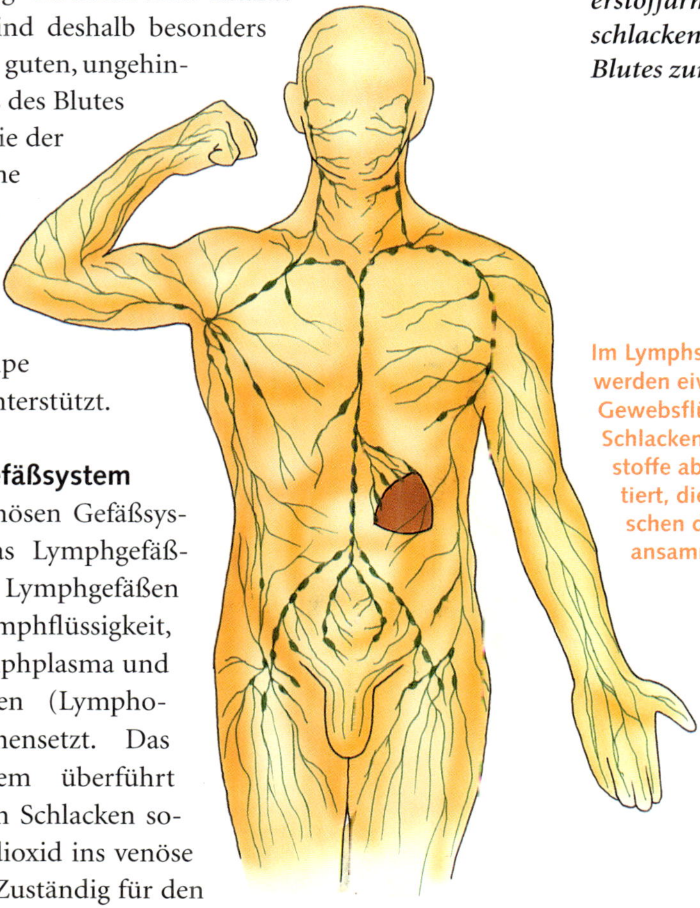

Im Lymphsystem werden eiweißreiche Gewebsflüssigkeit, Schlacken und Fremdstoffe abtransportiert, die sich zwischen den Zellen ansammeln.

Das Lymphgefäßsystem

Parallel zum venösen Gefäßsystem verläuft das Lymphgefäßsystem. In den Lymphgefäßen zirkuliert die Lymphflüssigkeit, die sich aus Lymphplasma und Lymphkörperchen (Lymphozyten) zusammensetzt. Das Lymphgefäßsystem überführt die entstandenen Schlacken sowie das Kohlendioxid ins venöse Kapillarsystem. Zuständig für den

Transport der Lymphflüssigkeit ist die Muskelpumpe. Klappen, wie sie auch im venösen System vorhanden sind, unterstützen sie dabei. Im Lymphsystem werden auch die Abwehrzellen (Lymphozyten) gebildet, die den Organismus vor Infektionen schützen.

Erscheinungsformen von Durchblutungsstörungen

Auf Durchblutungsstörungen kann ein ganzes Bündel von Symptomen hinweisen. Jeder sollte sie ernst nehmen, denn nur frühzeitiges Erkennen und sachgerechte Behandlung können einer Verschlimmerung der Erkrankung entgegenwirken.

Unter Durchblutungsstörungen versteht man verschiedene Störungen der Blutverteilung im Körper. Dabei unterscheidet man zwischen Störungen des gesamten Kreislaufs, wie niedriger Blutdruck, und örtlichen Durchblutungsstörungen des Gefäßsystems – also der Arterien, Venen und der Lymphgefäße. Anzeichen für Durchblutungsstörungen können sein:

- Kalte Hände, blasse, blutleere Finger
- Kalte Füße
- Schwere Beine mit krampfartigen Schmerzen
- Ein Gefühl der Taubheit oder Kribbeln in Händen, Füßen, Armen und Beinen
- Häufiges Frösteln und Frieren
- Schwindel, Schwarzwerden vor Augen
- Kältegefühl im Kopf
- Kopfschmerzen

Wichtige Faktoren für eine gute Durchblutung

- Gut durchbluteter, gesunder Herzmuskel
- Intakte Pumpleistung des Herzmuskels
- Intakte, elastische Gefäße ohne Ablagerungen an den Gefäßwänden
- Flüssiges, leicht fließendes Blut ohne Gerinnungstendenz
- Gut funktionierender Energie- und Nährstoffaustausch in den Zellen
- Gut funktionierendes Venen- und Lymphsystem

- Konzentrationsstörungen
- Sprachstörungen
- Hals-Nackensteife
- Rückenschmerzen
- Schnelles Ermüden bei körperlicher Anstrengung
- Druckgefühl und Schmerzen in der Herzgegend
- Wundheilungsstörungen
- Hautprobleme

Mehr als vier Millionen Menschen leiden in Deutschland an Durchblutungsstörungen der Beine.

Arterielle Durchblutungsstörungen

Arterielle Durchblutungsstörungen entstehen durch verengte und verstopfte arterielle Gefäße. Hier ist hauptsächlich die Arterienverkalkung zu nennen, die Arteriosklerose. Als Arteriosklerose bezeichnet man eine Verhärtung (Sklerose) der Arterien. Dabei werden die elastischen Fasern der Arterienwände durch Bindegewebe ersetzt, Cholesterin, Kalksalze und Eiweiß lagern sich ein, die Arterien verhärten und verengen sich. Von Arteriosklerose können verschiedene Gefäßabschnitte betroffen sein:

- Herzkranzgefäße
- Bein- und Beckenarterien
- Hals-Nacken-Arterien
- Hirnarterien
- Kopfarterien

Arteriosklerose der Bein- und Beckenarterien

Typische Krankheitszeichen sind chronisch kalte, bläuliche und weiße Beine, Wadenschmerzen und -krämpfe beim Gehen wegen des Sauerstoffmangels der Muskulatur. Die Wegstrecke, die die Betroffenen ohne Schmerzen zurücklegen können, werden immer kürzer. Immer häufiger müssen sie pausieren, bis die Schmerzen wieder verschwinden. Aus diesem Grund nennt man die Krankheit auch Schaufensterkrankheit (die Betroffenen müssen an Schaufenstern stehen bleiben, bis die Schmerzen nachlassen). Raucher sind von dieser Krankheit besonders häufig betroffen. Im fortgeschrittenen Stadium führt sie zum Raucherbein.

Die Arteriosklerose und die damit verbundenen Herz-Kreislauf-Erkrankungen sind nach wie vor die Todesursache Nummer eins in der westlichen Welt. In Deutschland stirbt heute jeder Zweite an deren Folgen.

Die Folgen einer Arteriosklerose der Herzkranzgefäße können neben dem Herzinfarkt Angina pectoris, Herzmuskelschwäche oder Herzinsuffizienz sein.

Arteriosklerose der Hirnarterien und der Herzkranzgefäße

Wird die Hirndurchblutung durch Verschluss oder Reißen einer Hirnarterie so behindert, dass das betroffene Gehirngewebe stirbt, kommt es zum Schlaganfall. Neben dem Schlaganfall sind Herzerkrankungen die gefürchtetsten Folgen der Arterienverkalkung. Als schwerste Krankheit droht der Herzinfarkt.

Risikofaktoren der Arteriosklerose

Zu den wichtigsten Risikofaktoren zählen:

- Bluthochdruck
- Fettstoffwechselstörungen
- Zuckerkrankheit
- Übermäßiger Nikotinkonsum
- Bewegungsmangel
- Übergewicht

Venenerkrankungen

Venenerkrankungen sind eine Massenerkrankung, in Deutschland hat etwa jede zweite Frau und jeder vierte Mann Krampfadern. Entzündungen der Venen und offene Beine sind häufig die Folge. Das Krankheitsbild hat oft viele Gesichter, denn *die* Venenkrankheit gibt es nicht. Venenleiden äußern sich vielmehr als eine ganze Reihe von Abflussproblemen, die die Venen auf ganz unterschiedliche Weise in Mitleidenschaft ziehen.

Unter dem Begriff Venenleiden fasst man eine Reihe sehr unterschiedlicher Erkrankungen zusammen. Prinzipiell kann zwar jede Vene des Körpers erkranken, doch in der Praxis sind die Beine mit Abstand am häufigsten betroffen.

Krampfadern

Krampfadern sind nicht verkrampfte Adern, sondern genau das Gegenteil: ausgedehnte, unelastische, erweiterte Venen. Verursacht werden sie, wenn der Gegendruck des Blutes zu groß ist. Die Venenklappen in ihrem Inneren schließen deshalb nicht mehr richtig, mit der Folge, dass sich das Blut in den Venen staut oder sogar in die Beine zurückfließt. Hervorgerufen werden Krampfadern häufig durch eine angeborene Bindegewebsschwäche, aber auch Bewegungsmangel, Übergewicht, chronische Verstopfung, langes Stehen oder Sitzen können die Ursache sein.

Häufige Beschwerden bei Krampfadern

- Schwere und müde Beine
- Geschwollene Füße und Beine
- Wadenkrämpfe
- Spannungsgefühl in den Beinen
- Beschwerden gehen bei Bewegung zurück.
- Bei langem Stehen oder Sitzen verschlimmern sich die Beschwerden.

Es gibt eine ganze Reihe von Faktoren, die die Entstehung von Venenleiden begünstigen. Neben der erblichen Veranlagung sind Bewegungsmangel, hormonelle Schwankungen, Übergewicht und das Alter wichtige Risikofaktoren.

Venenentzündung, Thrombose und Embolie

Bei der Venenentzündung handelt es sich um eine Entzündung der Venenwände. In der entzündeten Vene kann sich ein Blutgerinnsel bilden. Sind die tiefen Beinvenen davon betroffen, droht eine Thrombose, bei der sich die Ader teilweise oder komplett verschließt, sodass das Blut nicht mehr abfließen kann. Wird das Blutgerinnsel vom Blutstrom weggeschwemmt, bis es in einem Gefäß stecken bleibt und dieses verstopft, spricht man von einer Embolie.

Häufige Beschwerden bei Venenentzündungen

- Starke Schmerzen im entzündeten Bereich
- Zunahme der Schmerzen bei Druck
- Strangförmige Verdickung der entzündeten Vene
- Starke Schwellung
- Fieber

Weitere durchblutungsbedingte Erkrankungen

Auch Kopfschmerzen, Ohrgeräusche oder Tinnitus, Nasennebenhöhleninfekte, Schwerhörigkeit und Sehschwäche können eine Folge von Durchblutungsstörungen sein. Atemnot kann durch verengte und schlecht durchblutete Lungengefäße hervorgerufen werden. Ein Druck- und Völlegefühl im Bauch bis hin zu Schmerzen und Koliken kann durch verengte, minderdurchblutete Baucharterien verursacht werden.

Ursachen von Durchblutungsstörungen

Ein schwaches Herz mit geringer Pumpleistung, Bluthochdruck und der Zustand der Gefäße, der auf Dauer entscheidend von der Blutzusammensetzung abhängt, können die Durchblutung ebenso beeinflussen wie verspannte Muskeln.

Arteriosklerose

Werden im Blut zu viele Fette und Giftstoffe und zu wenig Mineralstoffe, Vitamine und Sauerstoff mitgeführt, kommt es zu Ablagerungen an den Gefäßinnenwänden, zur so genannten Arteriosklerose. Die Ablagerungen verengen die Gefäße, sodass das Blut nicht mehr ungehindert passieren kann. Die Blutzusammensetzung wiederum hängt von der Funktionstüchtigkeit der Leber ab, die als wichtigstes Stoffwechselorgan für die Blutfette, die Eiweiße und die allgemeine Entgiftung verantwortlich ist. Wesentlichen Einfluss auf die Blutzusammensetzung nehmen Ernährung, Sauerstoffzufuhr und Bewegung, kurz: eine gesundheitsbewusste Lebensweise.

Muskelverspannungen

Ausgewogene Ernährung und ein funktionstüchtiges Herz-Kreislauf-System sind keine Garanten für eine reibungslose Durchblutung. Auch verspannte Muskeln können den Blutfluss behindern.

Von entscheidender Bedeutung für eine gesunde Durchblutung ist auch die Muskulatur. Stehen nämlich große Muskelanteile des Körpers unter Daueranspannung, kann dies tiefgreifende Wirkung auf die Durchblutung haben. Die Anspannung führt dazu, dass der Körper ständig Nahrung und Sauerstoff, also Energie, verbraucht, um eben diese Muskeln – überflüssigerweise – zusammenzuziehen. Durch den Energieverbrauch gelangen fortwährend Stoffwechselprodukte ins Blut, die wieder entsorgt werden müssen. Die Gefäße, die durch diese chronisch verspannten Muskelgebiete führen, stehen unter hohem Druck und werden eingeengt. Das beeinträchtigt die arterielle Blutversorgung in den nachfolgenden Gewebebereichen sowie den venösen Blutrückfluss zum Herzen hin: Durchblutungsstörungen sind die Folge.

Muskelverspannungen vorbeugen

Anleitungen zur Vorbeugung und Behandlung solcher Verspannungen finden Sie vor allem im Kapitel »Die Heilkraft der Hände« (→ Seite 22 bis 55) sowie auf den Seiten zur »Atemtherapie« (→ Seite 112 bis 122). Aber auch die Gymnastikübungen am Ende des Buches, mit denen Sie ihre Durchblutung verbessern können, wirken sich positiv auf die Muskulatur aus (→ Seite 134 bis 140). Sport im Allgemeinen ist zur Förderung der Durchblutung sehr zu empfehlen (→ Seite 123 bis 129).

Mit dem Blutkreislauf besitzt der Mensch ein leistungsfähiges Transportsystem, das für die Aufrechterhaltung der Körperfunktionen unabdingbar ist.

Wichtige Voraussetzungen

Ihre innere Haltung bestimmt entscheidend die Wirksamkeit aller Übungen. Versuchen Sie einmal, sich und Ihre Reaktionsweise in beruflichen oder privaten Stresssituationen zu beobachten. Sie werden feststellen, dass sich mentaler Rückzug unmittelbar auf Ihre Atmung, Ihre Muskulatur und Ihre Durchblutung schlägt. Ihre Atmung wird eingeschränkt; die Bauchmuskulatur spannt sich an; der Atem wird flacher, die Atemfrequenz steigt. Wenn Sie sich einer belastenden Situation jedoch kämpferisch erwehren möchten, dann steigt Ihr Adrenalinspiegel. Zur Produktion des Adrenalins verbraucht Ihr Körper viel Vitamin C, das wiederum Ihrem Immunsystem verloren geht. Ihre Muskulatur spannt sich »zum Angriff«, der jedoch in der Regel nicht zum Ausbruch kommt. Die Muskeln bleiben aber angespannt und verbrauchen sinnlos Energie, um diesen Zustand aufrecht zu halten.

Jeder kann aktiv werden, um seine Durchblutung zu verbessern oder Durchblutungsstörungen vorzubeugen. Gerade in der heutigen Zeit, in der sich der Mensch zunehmend mit Körper und Geist belastenden Lebensbedingungen konfrontiert sieht, sollte der Gesundheitsvorsorge große Beachtung geschenkt werden. Mit ausgewogener Ernährung, regelmäßiger Bewegung und achtsamem Umgang mit Ihrem Körper tragen Sie zu einem gesunden Kreislauf und damit zu einer ausgeglichenen Gelassenheit im Alltag bei.

Alle Organe müssen optimal durchblutet sein. Nur dann können sie ihre lebenswichtigen Aufgaben erfüllen.

Zeige mir deine Hände, und ich sage dir, wer du bist!

Gesichtsausdruck und Gestik spielen eine bedeutende Rolle in der Kommunikation.

Vielleicht haben Sie sich schon einmal aus der Hand lesen lassen oder zumindest mit dem Gedanken daran gespielt? Man mag über das Erkennen von Schicksal und Charakter eines Menschen aufgrund der besonderen Anordnung seiner Handlinien geteilter Meinung sein, unbestritten ist jedoch, dass die Hand, was ihre Form, die Beschaffenheit ihrer Haut, die Nägel ihrer Finger, ihre Beweglichkeit oder ihre Gestik angeht, Hinweise auf Leben, Gesundheit und Charakter des Menschen geben kann. Trocken oder feucht, rau oder zart, hart oder weich, fett oder transparent – am Zustand von Haut und Nägeln kann man ablesen, ob der Körper ausreichend mit Mineralstoffen und Vitaminen versorgt wird oder Stoffwechsel- und Durchblutungsstörungen vorliegen.

Dokumentation unseres Lebens

Sichtbar wird auch, wie sehr die Hand durch eine berufliche Tätigkeit strapaziert wird, wie wichtig Ihnen die bewusste Pflege Ihrer Hände ist.
Die Hand schafft Kontakt, Berührung, Verbindung zwischen dem Ich und dem Du, und die Stärke des Händedrucks spiegelt zum einen das jeweilige Temperament wider, zum anderen gibt sie Aufschluss über die Bereitschaft, sich auf andere einzulassen. So kann ein ehrlicher Händedruck zwischen Verhandlungspartnern vor einer schwierigen Sitzung entspannend wirken, ein ritualisierter, starrer Händedruck hingegen signalisiert eine wenig kompromissbereite sowie ängstliche Einstellung.
Aber die innere Haltung kann man nicht nur am Händedruck erkennen, sondern auch an Gesten, die das Spre-

chen begleiten, oder an körperlichen Reaktionen beim Zuhören. Sind die Bewegungen weitläufig, übertrieben, klein, kaum wahrnehmbar oder gar unpassend zu dem Gesagten?

Die Hand als Vermittler

Abgesehen von solch eher psychologischen Zusammenhängen der Hand als Mittel zur Kommunikation auf verschiedenen Ebenen, lässt sich auch eine philosophische Betrachtungsweise anstellen. »Handlung« kommt von Hand. Dementsprechend ist die Hand der Auslöser unseres aktiven Tuns, des Gestaltens und Schaffens, sowohl im konkreten als auch im übertragenen Sinn. Die Hand schafft also nicht nur die Verbindung zwischen dem Ich und dem Du, sie stellt auch eine Verknüpfung zwischen dem Ich und dem vom Ich gestalteten Leben her. Dabei ist die Hand nur Ausführende des sie lenkenden Geistes.

Die Hand ist darüber hinaus von großer Bedeutung bei religiösen Ritualen der unterschiedlichsten Kulturen. Als Übermittlerin von Gebeten, Wünschen oder Gaben spielt sie eine wesentliche Rolle, wenn es um Segnungen oder um Heilungsrituale geht. Dann steht die Hand als Bindeglied zwischen der göttlichen und der irdischen Welt.

Neben all diesen Aspekten ist die Hand auch noch einfach ein Wahrnehmungsorgan und als solches durch ihren Tastsinn in der Lage, unmittelbar auf einen Reiz zu reagieren.

Nehmen Sie sich hin und wieder die Zeit, Ihre Hände liebevoll und nachsinnend zu betrachten. Was ist alles durch Ihre Hände gegangen? Was wollen Sie mit Ihren Händen in Zukunft – weniger oder mehr – tun? Wie können Sie Ihre Hände ausdrucksvoller einsetzen? Was haben Sie abgewehrt, wovor haben Ihre Hände Sie beschützt? Was möchten Sie gerne mit Ihren Händen halten, spüren? Was geben Sie, was nehmen Sie?

Lassen Sie sich von Ihren Händen anregen, auf das Gleichgewicht zwischen Geben und Nehmen in Ihrem Leben zu achten. So tragen Sie aktiv zur Erhaltung ihrer Gesundheit bei. Denn Krankheit entsteht, wenn dieses Gleichgewicht zu lange gestört ist.

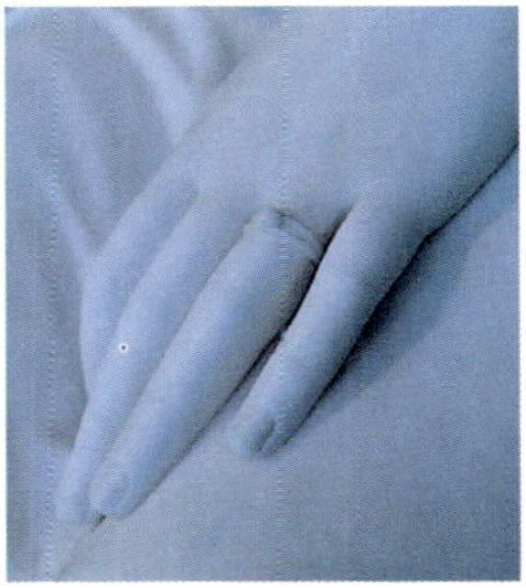

Ein Blick auf die Hände Ihres Gesprächspartners kann Ihnen Aufschluss über seine Wesensart geben.

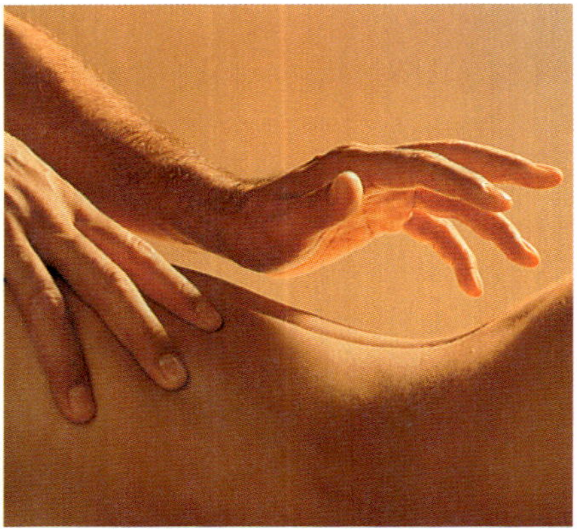

Eine sanfte Massage, die durch Armaöle unterstützt wird, wirkt sich nicht nur positv auf die Durchblutung aus, sondern hilft psychischen Stress abzubauen.

Die Heilkraft der Hände

Bei der Behandlung von Durchblutungsstörungen hat sich die Massage sehr bewährt. Grundsätzlich regt jede Massage die Durchblutung an, gleich, ob es sich um eine Teil- oder eine Ganzkörpermassage handelt. Zur gezielten Selbstbehandlung bei Durchblutungsstörungen eignen sich ganz unterschiedliche Formen der Massage; die wirkungsvollsten – die Bürsten-, die Fußreflexzonenmassage, die Akupressur und die Massage mit Aromaölen – möchte ich hier vorstellen.

Bei allen Kulturen des Altertums war die Massage als therapeutisches Heilmittel wohl bekannt. Später geriet sie in Europa in Vergessenheit, erst zu Beginn des 19. Jahrhunderts rief sie der schwedische Turner Per Henrik Ling wieder in Erinnerung.

Sanfte Heilung durch Massage

Die Massage ist eine jahrtausendealte, vielfach bewährte Behandlungsweise. Sie entstand aus dem Bedürfnis, durch Druck auf schmerzende Stellen im Körper Erleichterung zu erlangen. So bewirkt der sanfte Druck der Hände auf die Haut und das darunter liegende Gewebe ein In-Fluss-Kommen im Körper: Schlacken- und krankheitserregende Stoffe werden aus den verhärteten Muskeln und dem Bindegewebe dem Lymphsystem zugeführt, und der Lymphfluss wird angeregt. Die Muskeln werden gelockert und gekräftigt, die Sauerstoffzufuhr über die Haut wird erhöht, die Durchblutung verbessert und das vegetative Nervensystem, das für die nicht willentlich gesteuerte Muskulatur z.B. des Magens und Darms verantwortlich ist, unterstützt. Die Massage hilft außerdem auf sehr wirkungsvolle Weise, psychische und körperliche Anspannungen abzubauen. Allein die dadurch erreichte Entspannung kann schon viel helfen. Sehr bewährt hat sich die Massage mit pflanzlichen Ölen und Duftstoffen, wie sie in der Aromatherapie angewendet wird.

Aromatherapie

Ihren Ursprung hat die Behandlung durch ätherische Pflanzenöle vermutlich im antiken China. Man versteht darunter den Gebrauch von Kräutern, deren aromatischer Duft eingeatmet wird und über den Geruchssinn vielfältige Wirkungen im Körper auslöst. Es gibt verschiedene Methoden, die ätherischen Öle in den Blutkreislauf zu bringen: Man kann sie einnehmen, dem Badewasser zusetzen, sie inhalieren, sie auf Kompressen anwenden oder sie mit verschiedenen Massagearten verbinden. Eine wirkungsvolle Massageart, die sich sehr gut zur Selbstanwendung eignet, möchte ich hier vorstellen.

Die Anwendung ätherischer Öle zur Linderung von körperlichen und seelischen Beschwerden gehört zu den ältesten medizinischen Therapien. Gewonnen werden die Öle durch Destillation aus zerkleinerten Pflanzenteilen.

Verschiedene ätherische Öle

Zur Behandlung von Durchblutungsstörungen sind die ätherischen Öle Lavendel, Majoran, Melisse, Narde, Orange, Oregano, Rose, Rosmarin, Sandelholz, Thymian und Zitrone sehr gut geeignet. Jede Essenz gibt die ihr eigenen Schwingungen ab, jede wirkt auf verschiedene Menschen auf ihre ganz eigene Weise. Richtig ausgeführt regt die Massage mit ätherischen Ölen die Funktion aller Organe an – Haut, Muskeln, Nerven, Drüsen etc. Durch die verbesserte Blut- und Lymphzirkulation werden Schlacken schneller beseitigt, und die Durchblutung wird gefördert.

Herkunft und Wirkung der Öle

Ätherisch bedeutet: sich schnell verflüchtigend. Unter einem ätherischen Öl versteht man den für eine Pflanze typischen, ihr innewohnenden Duftstoff, der in der Wurzel, der Blüte oder der Frucht eingelagert ist. Beim Orangenbaum z. B. ist ein ätherisches Öl in der Fruchtschale oder -haut enthalten, das man Orange nennt. Aus den Blättern wird ein weiteres ätherisches Öl (Petit Grain) gewonnen, und das unter dem Namen Neroli bekannte Öl sorgt für den lieblichen Duft der Blüten. Jede Essenz verfügt über andere therapeutische Eigenschaften. Oft sind es die kleinsten Blumen, die den intensivsten Duft verströmen.

Aromaöle wirken auch auf unser Gemüt: Sie entspannen, beleben, besänftigen Stress, Ängste oder Depressionen und erzeugen ein Gefühl des Wohlbehagens.

Lavendel (Lavandula angustifolia)

Der Lavendelstrauch ist gewöhnlich 20 bis 60 Zentimeter hoch und hat stark verzweigte Äste. Lavendel wächst bevorzugt in den trockenen, warmen Ländern des Mittelmeerraums. Das ätherische Öl wird aus den Blüten, Blättern und Stängeln der Pflanze gewonnen. Als besonders hochwertige Essenzen gelten die Öle, die aus den wild wachsenden Pflanzen Südfrankreichs destilliert werden.

Lavendel prägt das Bild Südfrankreichs.

Lavendel war die bevorzugte Heilpflanze der mittelalterlichen Heilerin Hildegard von Bingen. Äußerlich zur Massage angewandt, stabilisiert das Öl den Blutdruck und fördert die Durchblutung. Es reinigt die Haut und wird angewandt bei Hauterkrankungen (Akne), Verbrennungen und bei schlecht heilenden Wunden, wie z. B. beim durch Minderdurchblutung verursachten offenen Bein. Lavendelöl wirkt beruhigend auf Herz, Verdauungsorgane und Nerven und kann auch bei Gicht und Rheuma auf die betroffenen Gelenke vorsichtig einmassiert werden.

Majoran (Origanum majorana)

Majoran stammt ursprünglich aus dem Mittelmeerraum und ist vor allem als Gewürz bekannt. Majoran ist ein strauchartiges, bis zu 50 Zentimeter hoch wachsendes Kraut, das einen lockeren Boden braucht und sich fast überall kultivieren lässt, jedoch sehr frostempfindlich ist. Als Massageöl wirkt es durchblutungsfördernd und wärmend. Es erweitert die Blutgefäße, lockert verkrampfte Muskulatur, beruhigt die Atemwege und den Magen-Darm-Trakt und belebt das Nervensystem. Auch bei Rheuma und Arthritis wird es häufig angewandt.

Die Melisse teilt ihren Namen mit der Honigbiene, die im Griechischen »Melissa« heißt. Tatsächlich saugen Bienen sehr gern den Nektar der Melissenblüte.

Melisse (Melissa officinalis)

Die Melisse ist im westlichen Mittelmeergebiet sowie in Vorderasien weit verbreitet, sie wird jedoch auch im übrigen Europa kultiviert. Das Kraut kann bis zu einem Meter hoch werden und bevorzugt feuchte, schattige Orte. Es stabilisiert den Kreislauf,

senkt hohen Blutdruck, belebt das Nervensystem und wirkt entkrampfend auf die Atemwege und den Magen-Darm-Trakt.
Da man etwa 7000 Kilo Pflanzen benötigt, um einen Liter reines Melissenöl zu erhalten, wird man im Handel kaum unverfälschtes Melissenöl finden. Doch auch das im Handel erhältliche, nicht reine ätherische Öl eignet sich aufgrund der starken Wirkung der Melisse sehr gut als Massageöl.

Narde

Das ätherische Nardenöl wird aus einer Baldrianpflanze gewonnen, die im Himalajagebiet beheimatet ist. Es fördert die Durchblutung, senkt Bluthochdruck, löst Krämpfe bei Magen-Darm-Problemen und wirkt beruhigend auf das vegetative Nervensystem. Auch bei Hautallergien und unreiner Haut wird es mit großem Erfolg angewandt.

Besonders edle Rosenöle gewinnt man aus der Bulgarischen, Marokkanischen, Orientalischen Rose sowie aus der Rose de Grasse.

Schon immer lieferte die Rose das Parfüm für Könige und Königinnen.

Orange (Citrus sinensis)

Ätherisches Orangenöl wird aus den Schalen von (unbehandelten!) Orangen gewonnen und wirkt vor allem auf die Haut: Es entschlackt, strafft und glättet die Haut, macht rissige Haut geschmeidig und verbessert auf diese Weise auch die Durchblutung. Es hilft ebenfalls bei Zellulitis, stärkt das Herz, entspannt und beruhigt die Nerven.

Oregano

Oregano ist eine 20 bis 50 Zentimeter hohe Staude, die in Europa und Vorderasien weit verbreitet ist. Oreganoöl fördert die Durchblutung, hat eine stark keimtötende Wirkung und unterstützt die Verdauung. Da es die Haut reizen kann, sollte man es nur sparsam verwenden.

Rose (Rosa)

Zur Gewinnung des ätherischen Rosenöls werden die Rosenzüchtungen aus Bulgarien, der Türkei oder aus Marokko verwendet. Reines Rosenöl ist zwar sehr teuer, sollte aber als Massageöl nur als reine Destillation und nicht verdünnt angewandt werden. Neben seiner hervorragenden Wirkung als durchblutungsförderndes Mittel wird Rosenöl auch bei Hautunreinheiten, zur Beruhigung der Nerven und zur Regulation des weiblichen Hormonhaushalts eingesetzt.

Rosmarin (Rosmarinus officinalis)

Rosmarin zählt zu den bekanntesten und aromatischsten Kräuterpflanzen.

Rosmarinöl wird aus den Blüten und Blättern eines in den Macchien heimischen Strauches gewonnen. Er wächst demzufolge an den Mittelmeerküsten, vor allem aber in Südfrankreich, Spanien und auf den Dalmatinischen Inseln. Als Massageöl angewandt, stimuliert Rosmarin die Lymphe und regt die Blutzirkulation, das Herz und die Nebennieren an. Es lindert Rheuma- und Muskelschmerzen und fördert die Wundheilungsprozesse der Haut. Auf die Verdauung, Leber und Galle hat es eine anregende Wirkung.

Sandelholz (Santalum album)

Der Sandelholzbaum wächst in Indien. Man benötigt etwa 20 Kilo Holz, um einen Liter Öl aus dem Stammesinnern und den Wurzeln zu gewinnen. Der Duft des Sandelholzöls wirkt harmonisierend auf Geist und Sinne und gilt als Aphrodisiakum. Zusammen mit anderen Ölen, z. B. gemischt mit Geranium und Lavendel, entspannt es, fördert die Durchblutung und steigert das allgemeine Wohlbefinden.

Thymian (Thymus vulgaris)

Die Thymianpflanze ist in den europäischen Mittelmeerländern beheimatet. Das Öl wird aus den Blüten destilliert und bei Kreislaufstörungen und niedrigem Blutdruck angewandt. Wie Lavendel hat auch Thymian eine große Heilkraft und wird vielfältig eingesetzt. Thymianöl wirkt krampflösend auf die Atmungsorgane und den Magen-Darm-Trakt, beruhigt das Nervensystem und wird häufig auch bei Arthritis und Rheuma eingesetzt. Zu Tee eingenommen hilft es bei Kopfschmerzen und nervlicher Anspannung.

Zitrone (Citrus limon)

Wie bei der Orange wird das ätherische Öl der Zitrone aus den unbehandelten Schalen gewonnen. Zitronenöl hilft bei Hautunreinheiten, Zellulitis und strafft die Haut. Es steigert den Lymphfluss, stärkt die Venen und regt die erschlaffte Gefäßmuskulatur von Krampfadern an. Wie die meisten durchblutungsfördernden Öle wirkt auch Zitrone entspannend auf Magen, Darm, Galle und keimtötend bei Erkrankungen der oberen Atemwege. Es hilft auch bei Arthritis und Rheuma und fördert die Konzentration.

Der im Himalaja heimische Zitronenbaum wird im Mittelmeerraum kultiviert.

Was Sie beim Kauf von Aromaölen beachten müssen

Kaufen Sie nur 100 Prozent naturreine Aromaöle. Angaben wie 100 Prozent ätherisches Öl oder 100 Prozent ätherisch sind irreführend und bedeuten nicht zwingend 100 Prozent naturrein. Wichtig ist auch die Angabe, dass das Öl durch ein Wasserdampfdestillationsverfahren gewonnen wurde. 100 Prozent rein und durch Wasserdampf destilliert besagt, dem Öl wurden weder andere Öle noch chemische Lösungsmittel zugesetzt. Die Öle sollten aus wild wachsenden Pflanzen und, wenn möglich, von Pflanzen aus typischen Anbauregionen gewonnen worden sein, da solche Öle eine stärkere Heilkraft besitzen und sich durch einen feineren Duft auszeichnen.

Lagerung

Ätherische Öle sind sehr lichtempfindlich und werden deshalb in dunklen Fünf- oder Zehn-Milliliter-Fläschchen verkauft. Sie müssen kühl und lichtgeschützt gelagert werden. Da Plastik ätherische Öle absorbieren kann, dürfen nur Metall- oder Glasbehälter verwendet werden. Ihre Haltbarkeit beträgt zwischen ein und zwei Jahren. Nach Ablauf des Verfallsdatums sollten die Öle nicht mehr angewandt werden. Ätherische Öle sind in Apotheken, Reformhäusern und Öko-Geschäften erhältlich und variieren sehr im Preis.

Wie bei der Herstellung von Weinen variiert auch die Qualität der ätherischen Öle von Jahr zu Jahr. So gibt es gute und schlechte »Jahrgänge«. Entsprechend teurer sind die guten Qualitäten.

Die Zubereitung von Massageölen

Für die Massage mit Aromaölen sollten Sie nur sehr reine und feine Öle als Trägersubstanz verwenden. Hervorragende Gleitmittel sind Weizenkeim-, Jojoba- und Mandelöl.

Aromaöle dürfen wegen ihrer starken Konzentration nie unverdünnt eingenommen oder in die Haut eingerieben werden. Um ihre heilende Wirkung richtig entfalten zu können, müssen sie mit einem Trägeröl vermischt werden.

Als Trägersubstanz für die ätherischen Öle wählen Sie ein 100 Prozent reines, nicht gehärtetes, kaltgepresstes Öl aus dem Reformhaus oder der Apotheke.

Verschiedene Trägeröle

Am haltbarsten ist Weizenkeimöl, das sich durch seinen hohen Gehalt an Vitamin E auszeichnet; es empfiehlt sich besonders, wenn Sie Öl für drei bis vier Anwendungen herstellen und lagern möchten. Sehr pflegend und reich an Vitaminen und Mineralstoffen ist auch Jojobaöl.

Olivenöl hingegen zeichnet sich durch einen starken Eigengeruch aus und sollte nur bei äußerst empfindlicher, wunder und gereizter Haut Verwendung finden, weil es den Heilungsprozess unterstützt. Süßes Mandelöl und Aloe-Vera-Öl entspannt die Haut. Johanniskrautöl wirkt beruhigend auf die Nerven. Hautfreundlich sind auch Öle aus Aprikosen- und Avocadokernen, Erdnüssen, Sonnenblumensamen, Sojabohnen und Traubenkernen. Im Preis können die Öle sehr variieren.

Verschiedene Mischungen

Aromaöle eignen sich auch sehr gut als Zusätze für Ganzkörper- sowie Arm-, Sitz- oder Fußbäder. Für ein Vollbad gibt man nach Einlassen des heißen Badewassers vier bis fünf Tropfen ätherisches Öl ins Badewasser.

Ihr Massageöl mischen Sie am besten mit einem Löffel in einem verschließbaren dunklen Glasdöschen, in dem Sie das Öl aufbewahren können, falls Sie nicht alles auf einmal verbrauchen. Wenn Sie täglich Ihre Hände, Arme oder Beine massieren möchten, ist es ratsam, etwas mehr Massageöl anzufertigen, damit Sie nicht vor jeder Massage die Mischung neu zubereiten müssen. Sie können sich auch unterschiedliche Mischungen in verschiedenen Gläschen zusammenstellen. So haben Sie die Möglichkeit zu variieren. Im Folgenden finden Sie einige Vorschläge für die Herstellung von Massageölen, die Ihnen als Anregung zu eigenen Mischungen die-

Für ätherische Öle brauchen Sie Trägersubstanzen. Dafür eignet sich reines, kaltgepresstes Olivenöl.

nen sollen. Da die Öle zum Teil austauschbar sind, können Sie die Mischungen ruhig nach eigenem Belieben zusammenstellen. Auch die Duftnote können Sie variieren. Thymian, Majoran und Oregano haben beispielsweise einen eher herben Duft. Lavendel und Rosmarin riechen lieblich, während Orange und Zitrone Ihrem Öl einen fruchtig frischen Duft geben.

Vorsichtig dosieren

Als Grundregel gilt: 50 Milliliter Öl als Trägersubstanz werden 12 bis 15 Tropfen ätherisches Öl beigegeben. Nehmen Sie dabei lieber zu wenig ätherisches Öl als zu viel. Testen Sie Ihre Mischung vor der Massage auf Hautfreundlichkeit, indem Sie zwei bis drei Tropfen in Ihre Ellenbogenbeuge einmassieren. Wählen Sie anfangs nur ein oder zwei Öle für die Mischung. Nur so ist es möglich, die Wirkung der Massage dem betreffenden Öl zuzuordnen. Im Laufe der Zeit werden Sie ein Gespür dafür entwickeln, wie stark ein Öl bei Ihnen wirkt. Dann können Sie bis zu fünf Öle miteinander kombinieren. Die hier angegebenen Rezepturen helfen bei Durchblutungsstörungen und anderen Beschwerden.

Die Dosierung der Aromaöle liegt immer auch ein wenig im eigenen Ermessen. Grundsätzlich jedoch sollten Sie sich an den Grundsatz halten: Weniger ist mehr.

Die Wirkung der ätherischen Öle nach dem Eindringen in die Haut ist von einer Reihe von Faktoren abhängig. So können Fettablagerungen unter der Haut, Ödeme und eine schlechte Hautdurchblutung das Eindringen behindern.

Die Haut nimmt die ätherischen Öle immer nur über einen Zeitraum von sieben bis zehn Minuten auf. Starke Schweißbildung verhindert das Eindringen der Essenzen.

Verschiedene Rezepturen

➤ Zur Durchblutungsförderung, bei Neigung zu offenen Beinen, bei Hautproblemen (Akne):
50 ml kaltgepresstes Öl • 5 Tropfen Majoran • 10 Tropfen Lavendel

➤ Zur Durchblutungsförderung, bei rheumatischen Gelenkbeschwerden:
50 ml kaltgepresstes Öl • 7 Tropfen Rosmarin (5 Tropfen Zitrone) • 4 Tropfen Majoran (Thymian)

➤ Zur Durchblutungsförderung, bei Verdauungsstörungen:
50 ml kaltgepresstes Öl • 8 Tropfen Lavendel (Rosmarin) • 3 Tropfen Oregano (Thymian) • 3 Tropfen Zitrone

➤ Zur Durchblutungsförderung, bei unreiner Haut:
50 ml kaltgepresstes Öl • 6 Tropfen Lavendel (Narde, Rosmarin) • 4 Tropfen Rose • 2 Tropfen Orange (Zitrone)

➤ Zur Durchblutungsförderung, bei Problemen mit den Atemorganen:
50 ml kaltgepresstes Öl • 4 Tropfen Majoran (Melisse, Thymian) • 5 Tropfen Oregano • 3 Tropfen Zitrone

➤ Zur Durchblutungsförderung, bei Nervenschwäche:
50 ml kaltgepresstes Öl • 6 Tropfen Melisse (Narde, Lavendel) • 4 Tropfen Majoran (Thymian) • 3 Tropfen Orange

➤ Zur Durchblutungsförderung, als Aphrodisiakum:
50 ml kaltgepresstes Öl • 6 Tropfen Sandelholz (Rose) • 6 Tropfen Rosmarin

Die Massage

Damit die Massage wirkt, brauchen Sie genügend Zeit und eine wohltuende, freundliche Umgebung. Ganz wichtig ist auch, dass

Sie sich entspannen und auf die Massage freuen. Auf keinen Fall dürfen Sie massieren, wenn Sie abgespannt, nervös oder zornig sind. Für eine Ganzkörpermassage sollten Sie sich mindestens eine Viertelstunde Zeit nehmen, danach müssen Sie noch eine Viertelstunde ruhen. Achten Sie darauf, dass der Raum gut gelüftet und warm ist.

Grundlage der Massage ist eine fließende, sanfte Bewegung, die vor allem entspannend wirkt. Sie wird mit intensiven Massagetechniken wie Kneten oder Walken kombiniert.

Zur Technik

Die Aromatherapiemassage enthält verschiedene Elemente aus anderen Massagen, die hier erklärt werden sollen: Das Streichen, auch Effleurage genannt, und das Kneten sind Techniken, die aus der schwedischen Massage stammen.

Streichen oder Effleurage

Beim Streichen massieren beide Hände mit sanften, gleitenden Bewegungen entlang den Muskelfasern immer in Richtung Herz. Dabei liegen beide Hände nebeneinander.

Rücken Bei der Effleurage des Rückens streichen die Hände (die Daumen voran, die restlichen Finger beieinander) beim Steißbein beginnend an der Wirbelsäule entlang.

Am Nacken angekommen bewegen sich die Hände rechts und links über die Schultern und wieder an der Seite des Körpers hinunter.

Die Effleurage verbessert den Fluss des venösen Blutes. Dadurch kann das Blut besser zirkulieren, und die Organe werden besser mit Nährstoffen versorgt. Die Ausscheidung von Schlacken wird gefördert und die Lymphzirkulation verbessert.

Darauf sollten Sie achten

- Damit die ätherischen Öle gut in die Haut eindringen können, sollten Sie vor der Behandlung duschen.
- Bei Menschen, die zu Lymphstauungen oder Fettleibigkeit neigen, ist die Wirkung der Massage schwächer.
- Unmittelbar nach einem Herzinfarkt, bei Venenentzündungen, Thrombosen, geschwollenen Drüsen, bei einem Tumor oder bei Psychosen darf nicht massiert werden. In diesen Fällen bitte erst Rücksprache mit dem behandelnden Arzt halten.

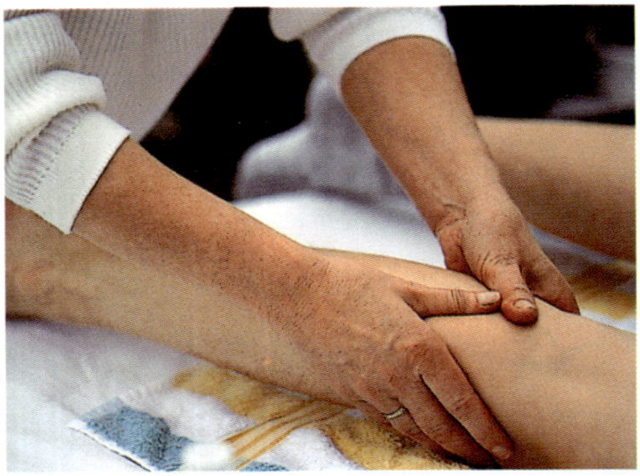

Bei der Effleurage streicht der Masseur mit sanftem Druck von den Fersen über die Waden bis zum Gesäß.

Die Massage drei- bis fünfmal wiederholen. Bei der Effleurage kann man mit dem Daumen den Druck beeinflussen, der auf das Gewebe ausgeübt wird. Ein schwacher Druck wirkt auf das Nervensystem, ein fester Druck auf Kreislauf und Muskulatur. Wichtig ist, dass die Hände ständig in Kontakt mit dem Körper bleiben und dass die Streichbewegungen langsam und rhythmisch ausgeführt werden.

Beine Bei der Effleurage der Beine liegt der zu Massierende auf einem weichen Handtuch auf dem Bauch, mit dem Gesicht nach unten. Die Hände des Masseurs liegen rechts und links an der Ferse, streichen die Wade hoch, wobei sie sich berühren, über die Kniekehle bis zum Gesäß und streichen dann zu beiden Seiten des Beins wieder abwärts. Den Vorgang drei- bis fünfmal wiederholen. Danach Beinwechsel.

Bei der Effleurage darf nur wenig Druck ausgeübt werden; Krampfadern oder Schwellungen dürfen nur ganz leicht berührt werden. Die Hände des Masseurs sollen locker, aber nicht schlaff sein und sich den Konturen des Körpers anpassen.

Arme Beim Streichen der Arme wird oft nur eine Hand eingesetzt, weil der Arm für beide Hände nebeneinander zu schmal ist. Dabei mit gespreizten Fingern über den Arm streichen.

Kneten oder Walken

Das Kneten wird mit der ganzen Hand oder mit beiden Händen gleichzeitig ausgeführt. Geeignet sind nur große fleischige oder muskulöse Körperteile; Gelenke und knochige Gliedmaßen kann man nicht kneten.

➤ Mit dem Daumen greift man von vorne in die Haut, die anderen Finger drücken von hinten dagegen. Man hebt das Gewebe hoch und rollt den Handballen dagegen. Diesen Griff mehrmals hintereinander in eine Richtung aufsteigend ausführen. Beim Hinabrollen wird genauso verfahren.

Arbeiten Sie langsam und rhythmisch, denn zu hastiges Kneten kann zu Verspannungen führen.

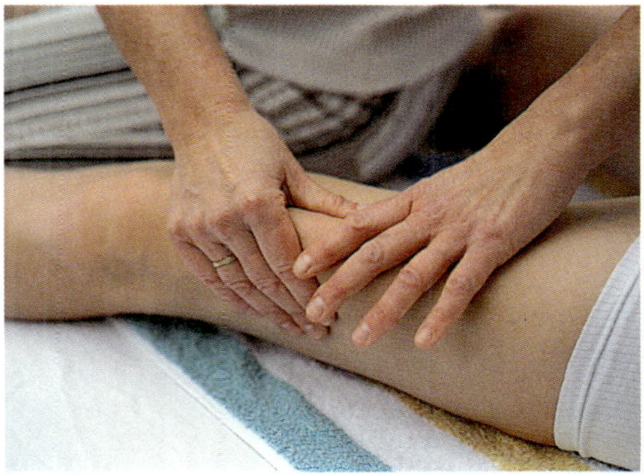

- Eine sehr gute Methode ist, mit beiden Händen gegenläufig zu arbeiten; das steigert die durchblutungsfördernde Wirkung der Massage.
- Konzentrieren Sie sich ganz auf das Kneten, damit Sie nicht aus Versehen zu stark drücken oder gar kneifen. Besonders wirksam ist diese Behandlung bei Muskelkater oder Muskelschmerzen nach einer langen Wanderung oder ungewohnter Gartenarbeit.

Die Knetmassage bewirkt einen schnelleren Abtransport der Schlackenstoffe aus den angespannten Muskeln, lindert Schmerzen und entspannt.

Eine zu heftige Knetmassage kann schmerzhaft sein und Verspannungen der Muskeln hervorrufen.

Daumendruck

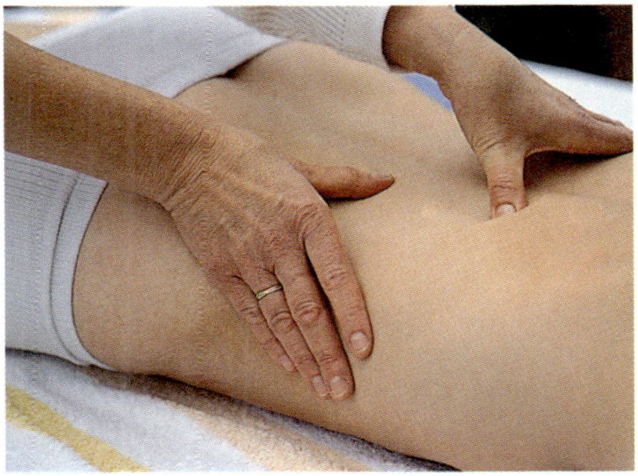

Der Druck des Daumens ist das dritte Element der Massage mit ätherischen Ölen. Er kann auf verschiedene Weise ausgeübt werden:

- Als Druck ohne Bewegung
- Als Druck mit kleinen, kreisenden Bewegungen
- Als Druck mit einer zielgerichteten Bewegung, z. B. entlang eines Nervs, Muskels oder eines Meridians (Energiebahn auf der Körperoberfläche). Dabei geht der zielgerichtet gleitende Daumendruck in die Tiefe des Gewebes. Eine Massage, die überwiegend in dieser Technik ausgeführt wird, erfordert eine ausgiebige Nachruhe, da im Körper viele Stoffwechselvorgänge angeregt werden.

Nach der anstrengenden Daumendruckmassage sollten Sie gut zugedeckt ruhen.

Die Eigenmassage der Hände und Arme

Die Grunddrucktechniken der Körpermassage sind also: Streichen, Kneten und Daumendruck. Welche Technik Sie ausüben, hängt von dem Gewebe ab, das Sie behandeln wollen. In der Regel massieren Sie das ätherische Massageöl in Ihre Finger und Hände ein, indem Sie mit leichtem Druck streichen.

Achten Sie darauf, dass Sie bei dieser Massage ganz entspannt und locker sitzen. Das Blut kann nur in einem entspannten Körper richtig zirkulieren. Bei Verspannungen und Verhärtungen hingegen kann es zu Blockaden und Stauungen kommen.

Hände Setzen Sie sich locker und entspannt an einen Tisch, und legen Sie Ihren ausgestreckten Arm auf ein weiches Handtuch. Tauchen Sie Daumen, Zeige- und Mittelfinger kurz in das Massageöl ein, und streichen oder kneten Sie sanft, aber mit leichtem Druck von der Fingerspitze des kleinen Fingers über die Handober- und Handinnenfläche bis zum Handgelenk.
Auf die gleiche Weise massieren Sie Ringfinger, Mittelfinger, Zeigefinger und Daumen. Arbeiten Sie dabei von außen nach innen, und befeuchten Sie Ihre Finger immer wieder mit dem Massageöl.
Arme Drehen Sie den Arm so, dass die Hand geöffnet, also die Arminnenseite nach oben gerichtet ist. Bewegen Sie die Hand in kleinen, kreisenden Bewegungen vom Handgelenk über den Unter- und Oberarm bis zur Schulter, und streichen Sie dabei das Massageöl zum Schulterblatt hin aus. Verspannungen in der Oberarmmuskulatur können Sie durch kräftiges Kneten lösen. Dazu heben Sie den verspannten Muskel an, drücken und rollen ihn. Anschließend gleich loslassen und mit der anderen Hand in die Muskelgruppe daneben greifen und den Vorgang wiederholen. Massieren Sie nun die Handoberfläche und die Außenseite des Arms auf die gleiche Weise. Als Letztes massieren Sie die andere Hand und den anderen Arm.
Für die Massage von Hand und Arm benötigen Sie auf einer Körperhälfte etwa sieben Minuten, also eine knappe Viertelstunde für beide Hände und Arme. Versuchen Sie, diese Zeit fest in Ihren Tagesablauf einzuplanen. Sehr gut ist die Massage am Morgen; so kommt Ihr Kreislauf am besten in Schwung. Wichtig ist auch die regelmäßige Anwendung. Konzentrieren Sie sich ganz auf die Massage, und lassen Sie sich durch nichts ablenken. Bei regelmäßiger Anwendung werden Ihre Durchblutungsstörungen schon bald nachlassen.

Die Eigenmassage der Füße und Beine

Setzen Sie sich auf einen Stuhl mit bequemer, weicher Rückenlehne. Das Bein, das Sie massieren möchten, liegt auf einem Stuhl oder Sessel, der Bettkante oder der Couch auf einem Handtuch.

➤ Verwenden Sie dieselbe Technik wie zuvor bei der Massage der Hände. Beginnen Sie mit dem kleinen Zeh, und arbeiten Sie sich bis zum Fußgelenk hoch. Danach kommen die anderen Zehen an die Reihe.

➤ Die Beine können Sie mit beiden Händen mit leichtem Druck oder in kleinen kreisförmigen Bewegungen massieren. Dazu streichen Sie langsam und rhythmisch Bahn für Bahn mit Zeigefinger, Mittelfinger und Ringfinger auf der Vorderseite des Beins, dem Schienbein, hoch.

➤ Die Kniekehle dürfen Sie nur sanft streichen, da hier viele Gefäße oberflächlich verlaufen und leicht abgedrückt werden können. Vorsicht auch bei Krampfadern! Hier dürfen Sie nur ganz leicht streichen, denn durch eine kräftige Massage könnte sich ein Blutgerinnsel lösen.

➤ Der Oberschenkel hingegen kann, vor allem wenn er sehr verhärtet ist, kräftiges Walken oder auch Klopfen vertragen.

Sie benötigen für diese Massage zehn Minuten. Ihre Füße werden danach angenehm prickelnd warm sein. Danach sollten Sie noch fünf bis zehn Minuten ruhen. Auch diese Anwendung sollten Sie regelmäßig ausführen, eventuell im Wechsel mit der Massage Ihrer Hände und Arme.

Bei Thrombosen oder Krampfadern ist von einer Knetmassage dringend abzuraten. Streichen Sie nur ganz leicht über die betroffenen Stellen.

Von Zellulitis gezeichnete Oberschenkel sind die Problemzonen vieler Frauen. Mit sanften Massagen können Sie die Durchblutung des schwachen Bindegewebes fördern.

Die Eigenmassage von Schulter und Nacken

Diese Massage hilft bei Verspannungen und Verhärtungen im Schulter- und Nackenbereich. Besonders wirkungsvoll ist eine Kombination aus Effleurage, Kneten und Daumendruck.

Diese Massage können Sie leicht in Ihren Tagesablauf einbauen und mit Ihrer morgendlichen und abendlichen Körperpflege verbinden. Nach dem Duschen, wenn der Körper gut durchblutet ist, wirkt die Massage am besten.

➤ Nehmen Sie ein wenig von Ihrem Massageöl, und verreiben Sie es sanft zwischen Ihren Handinnenflächen. Dann fassen Sie mit Ihrer rechten Hand Ihren Nacken links, indem Sie die linke Hals- und Schultermuskulatur wie mit einer Zange zwischen Daumen, Zeige- und Mittelfinger greifen und kräftig, seitlich zur Schulter gleitend, durchwalken. Mit der linken Hand und der rechten Hals- und Schultermuskulatur verfahren Sie genauso.

➤ Als Nächstes setzen Sie Ihre Hände rechts und links vom Halsansatz am Nacken an und massieren mit kreisenden Bewegungen und wenig Druck, ohne Schmerzen zu verursachen, entlang der Halswirbelsäule hinauf bis zum Hinterkopf und wieder hinunter. Streichen Sie das Öl über den Nacken und die Schultern aus.

➤ Vergessen Sie dabei nicht, die Halswirbelsäule wieder hinunter zu massieren. Es besteht sonst die Gefahr, dass Sie Kopfschmerzen bekommen.

Für diese Massage benötigen Sie drei Minuten. Danach sollten Sie noch fünf Minuten ruhen. Sie können sie morgens oder abends anwenden.

Bauchmassage bei durchblutungsbedingten Verdauungsstörungen und Blähungen

Diese Massage können Sie gut in Ihre morgendliche oder abendliche Körperpflege einbauen. Statt Ihrer gewöhnlichen Körperlotion verwenden Sie nun einfach Ihr Massageöl. Legen Sie sich entspannt auf den Rücken; in dieser Lage ist Ihre Bauchmuskulatur schön entspannt und gelockert, und Ihre Haut kann das Öl besser aufnehmen.

➤ Nehmen Sie ein wenig Massageöl, und verreiben Sie es gut zwischen Ihren Handinnenflächen. Streichen Sie nun mit Ihren Händen sanft und in kreisenden Bewegungen über Ihren Bauch.

Die Rückenmassage mit einem Partner

Verwenden Sie eine Matratze aus Schaumstoff oder eine Decke auf einem festen, nicht federnden Untergrund als Unterlage. Ihr Partner liegt auf dem Bauch; ein flaches Kissen unter dem Kopf und eine Nackenrolle unter den Füßen helfen beim Abstützen. Die Arme liegen entspannt am Körper an. Meiden Sie grelles Licht und laute Musik. Die Massage sollte immer am gut durchwärmten Körper angewendet werden. Zum Aufwärmen eignet sich ein Entspannungsbad am Abend oder eine Aufwärmgymnastik.

Bei der Rückenmassage wird grundsätzlich von unten nach oben massiert, und zwar rechts und links der Wirbelsäule, die selbst nicht massiert werden darf. Zum Einsatz kommen alle drei Grifftechniken: die Effleurage, die Knetmassage und der Daumendruck.

Die Rückenmassage ist die längste und komplizierteste Massage. Allerdings hat sie den Vorteil, dass man bei ihr die Griffe an einem größeren Bereich üben kann. Sobald Sie die Griffe beherrschen, können Sie sie auch bei kleineren Partien problemlos anwenden.

- Als Erstes verreiben Sie das Massageöl gut in Ihren Händen; zu viel Öl auf der Haut Ihres Partners könnte Ihre Hände leicht abgleiten lassen.
- Beginnen Sie mit sanften Streichungen vom Gesäßrand aufwärts, indem Sie Ihre Hände, die flach neben der Wirbelsäule aufliegen, von unten nach oben bis zur Schulter schieben. Vorsicht ist am Nacken geboten! Hier nicht stark drücken!
- Anschließend lassen Sie Ihre Hände rechts und links außen am Körper wieder hinuntergleiten. Wiederholen Sie die Streichung fünfmal.
- Achten Sie dabei auf Verspannungen in der Muskulatur Ihres Partners, und steigern Sie jedesmal ein wenig den Druck Ihrer Hände, ohne jedoch dabei Ihrem Partner Schmerzen zuzufügen. Gewöhnlich stellt sich nun beim Massierten ein warmes Wohlgefühl oder ein leichtes Kribbeln von den Zehenspitzen bis in die Kopfhaut ein!
- Lassen Sie Ihre Hände wieder von unten nach oben gleiten, aber dieses Mal führen Ihre Daumen mit leichtem Druck kleine Kreise entlang der Wirbelsäule aus. Wiederholen Sie die Bewegung fünfmal.
- Anschließend nehmen Sie die Schultermuskulatur zwischen Ihre Finger und kneten sie kräftig durch. Danach streichen Sie mit

Für die Rücken- und Beinmassage benötigen Sie eine feste Unterlage, die von allen Seiten zugänglich ist.

Empfindliche Stellen am Rücken werden am wirkungsvollsten durch sanften Daumendruck behandelt. Um keinen Akupunktur-, Nerven- oder Reflexpunkt zu aktivieren, dürfen Sie die betreffenden Stellen nicht zu lange massieren.

der Effleuragetechnik über den Rücken, achten Sie dabei besonders auf empfindliche Stellen wie schmerzende oder gerötete Partien oder Bereiche, die besonders hart sind, und behandeln Sie sie durch sanften Druck mit dem Daumen. Aber achten Sie darauf, dass Sie nicht zu lange an einem Punkt bleiben, sonst könnte es passieren, dass Sie aus Versehen einen Akupunktur-, Nerven- oder Reflexpunkt aktivieren.

➤ Beenden Sie die Massage, indem Sie insgesamt dreimal entlang der Halswirbelsäule massieren. Ihr Partner hat währenddessen sein Gesicht so gedreht, dass es auf dem Kopfkissen aufliegt. Die Wirbelsäule bildet dabei eine gerade Linie. Ihre Daumen kreisen dabei sanft rechts und links neben der Wirbelsäule hoch und hinunter, bevor Sie mit sanftem Ausstreichen über die Schultern und Oberarme schließen.

Die Kopfmassage mit einem Partner

Für diese Massage brauchen Sie kein Öl. Sie eignet sich besonders gut zur Vorbereitung auf die Rückenmassage.

➤ Ihr Partner liegt auf dem Rücken, Sie sitzen ihm zugewandt auf einem niedrigen Hocker an seinem Kopfende. Ihre Hände liegen rechts und links an seinen Schläfen.

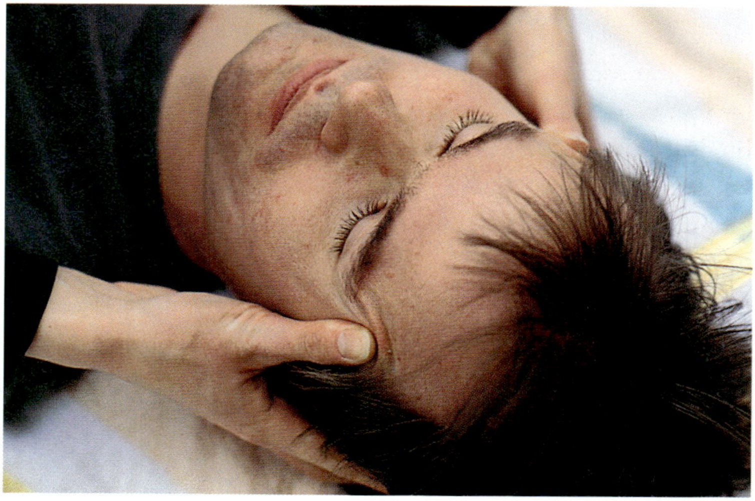

Körperlicher und psychischer Stress führen bei sensiblen Menschen zu Kopfschmerzen und Verspannungen. Eine Kopfmassage kann hier schnell und wirkungsvoll Abhilfe schaffen.

➤ Fassen Sie mit gespreizten Fingern die Stirn. Ziehen Sie nun Ihre Hände vorsichtig von der Stirn über den Haaransatz und die Kopfhaut nach hinten über den Hinterkopf bis zum Hals.

➤ Wiederholen Sie die Übung vier- bis fünfmal, bis Sie die gesamte Kopfhaut massiert haben. Danach massieren Sie mit den Mittelfingern die Kopfhaut punktuell mit sanften, kreisenden Bewegungen. Die Hände bleiben dabei gespreizt.

➤ Zum Schluss streichen Sie sanft von der Stirn nach hinten über den Kopf.

Die Massage dauert rund fünf Minuten und hilft hervorragend bei Kopfschmerzen.

Bei Kopfschmerzen hilft eine Massage, die sanfte, kreisende Bewegungen mit Streichbewegungen kombiniert. Dabei mit den Fingern die Kopfhaut von der Stirn nach hinten über den Hinterkopf bis zum Hals schieben.

Die Bauchmassage mit einem Partner

Bei dieser Massage müssen Sie sehr vorsichtig vorgehen. Ihr Partner sollte sich gerne am Bauch berühren und massieren lassen, sonst verkrampft er sich zu sehr. Sensible Partien wie Unterleib werden ganz ausgespart.

➤ Beginnen Sie mit vorsichtiger Effleurage, indem Sie vom Nabel aus mit beiden Händen seitwärts sternförmig immer weiter nach unten streichen.

➤ Nach fünf bis zehn Streichungen massieren Sie mit sanften, kreisenden Bewegungen vom Blinddarm (rechter unterer Bauchbereich) aufwärts bis unter den Rippenbogen, dann quer über den Bauch zur anderen Seite und von dort wieder hinunter. Denken Sie sich eine Linie, die die beiden Hüftknochen miteinander verbindet, und hören Sie an dieser gedachten Linie auf, bevor Sie wieder zum Ausgangspunkt am Blinddarm zurückkehren.

➤ Anschließend ziehen Sie in einem großen Bogen vom Blinddarm zur linken Körperhälfte hoch bis zu den Rippen, wieder hinunter und zurück zum Ausgangspunkt.

➤ Wiederholen Sie die Massage fünfmal. Beenden Sie sie mit zarten Ausstreichungen wie zu Beginn.

Diese Massage darf bei Gallensteinen oder bei sonstigen Beschwerden mit der Galle nicht angewendet werden. Auf die Verdauung hingegen wirkt sie sich sehr günstig aus.

Die Arm- und Beinmassage lockert und entspannt die Muskulatur der Waden, Oberschenkel und Oberarme. Hier hilft kräftiges Kneten und Walken der Muskulatur bis zum Knochen.

Die Partnermassage der Arme und Beine

Ihr Partner liegt zunächst auf dem Rücken, dann auf dem Bauch. Verwendet werden die Grifftechniken Effleurage, zielgerichteter Daumendruck und Kneten. Massiert wird immer aufwärts, zum Herzen hin. Vorsicht in den Kniekehlen, bei Krampfadern oder Schwellungen! Die Muskulatur der Waden und Oberschenkel sowie der Oberarme hingegen kann kräftiges Kneten gut vertragen.

➤ Beginnen Sie mit den Armen. Anschließend streichen Sie ein paar Mal über die Schultern nach hinten, bevor Sie an der Arminnen- und -außenseite wieder zu den Händen zurückkehren.

➤ Die Hände massieren Sie Finger für Finger mit wenig Druck; bei zu starkem Druck könnte aus Versehen ein Akupressurpunkt aktiviert werden.

Denken Sie daran, dass Ihr Partner nur dann zur Ruhe kommen kann, wenn auch Sie selbst ruhig und konzentriert sind. Konzentrieren Sie sich ganz auf die Massage, massieren Sie mit sanften, rhythmischen und fließenden Bewegungen. Sie werden merken, wie sich Ihr Partner immer mehr entspannt, wie sein Atem langsamer und tiefer wird.

Aromaöle	Wirkung auf den Organismus
Lavendel	Herz/Kreislauf, Haut, Verdauung, Gelenke, Nerven
Majoran	Herz/Kreislauf, Verdauung, Gelenke, Muskulatur, Atemorgane, Nerven
Melisse	Herz/Kreislauf, Verdauung, Atemorgane, Nerven
Narde	Herz/Kreislauf, Haut, Verdauung, Nerven
Orange	Herz/Kreislauf, Haut, Nerven
Oregano	Herz/Kreislauf, Verdauung, Atemorgane
Rose	Herz/Kreislauf, Haut, Nerven
Rosmarin	Herz/Kreislauf, Haut, Verdauung
Sandelholz	Herz/Kreislauf
Thymian	Herz/Kreislauf, Verdauung, Atemorgane, Nerven
Zitrone	Herz/Kreislauf, Haut, Verdauung, Gelenke, Atemorgane

Bürstenmassage

Die trockene Bürstenmassage ist eine einfache, seit Jahrhunderten bewährte naturheilkundliche Maßnahme bei arteriellen Durchblutungsstörungen, die ohne viel Aufwand täglich angewandt werden kann. Ihre Wirkung, ein Wärmegefühl am ganzen Körper und eine bessere Hautdurchblutung, setzt unmittelbar nach der Behandlung ein.

Regelmäßig angewandt, verbessert die Bürstenmassage sichtbar die Durchblutung und erzeugt ein wohltuendes Wärmegefühl am ganzen Körper.

Ideal ist die trockene Bürstenmassage auch bei Hautproblemen (trockene und schuppige Haut), die auf eine schlechte Durchblutung zurückzuführen sind. Bei empfindlicher, zarter Haut freilich empfiehlt es sich, mit der geringsten Borstenstärke zu beginnen und beim Bürsten wenig Druck auszuüben. Bei Entzündungen der Haut, sei es, dass sie durch Verletzungen oder durch Allergien hervorgerufen wurden, darf die Bürstenmassage nicht angewendet werden.

Natur- oder Kunstfaser?

Massagebürsten erhalten Sie in der Apotheke oder Drogerie in den unterschiedlichsten Formen und Größen.

Gute Massagebürsten erhalten Sie bereits für 10 bis 20 Mark in der Apotheke oder Drogerie.

Für den Rücken benötigen Sie eine Bürste mit einem langen Griff, für Beine und Arme ist eine Bürste, die gut in der Hand liegt, besser geeignet. Praktisch sind Bürsten mit abnehmbarem Griff, die auch zum Bürsten der Beine und Arme verwendet werden können. Die ebenfalls im Handel erhältlichen waschbaren Massagegurte aus Kunstfasern hingegen eignen sich besser für die Nassmassage mit einem Hautöl. Für die durchblutungsfördernde

Vorsicht bei Venenleiden

Bei venösen Durchblutungsstörungen der Beine darf die Bürstenmassage nicht angewendet werden: Besenreiser und Krampfadern dürfen nicht gebürstet werden; auch bei einem offenen Bein und bei Thrombosegefahr darf die Bürstenmassage nicht eingesetzt werden.

Kaufen Sie am besten Bürsten mit abnehmbarem Griff, sie sind am praktischsten und vielseitigsten einzusetzen. Sie können damit nicht nur den Rücken, sondern auch Arme und Beine massieren.

trockene Rückenmassage ist die Rückenbürste vorzuziehen, auch wenn sie sich nicht so bequem wie der Gurt handhaben lässt. Kaufen Sie nur Bürsten aus Holz und mit naturreinen Borsten.

Sisal und Luffa

Sehr gut sind auch Massagehandschuhe. Entscheiden Sie sich auch hier für die Naturfaser. Die Kunstfaser ist zwar hautschonender, aber weniger wirkungsvoll. Die Naturmaterialien Sisal und Luffa sind in gestrickter Form sehr wirkungsvoll und hautfreundlicher als Borsten. Die Sisal-Faser wird aus einer tropischen Pflanze aus Mexiko und Afrika gewonnen, die Luffa-Faser stammt aus der Luffa-Gurke, die in Asien und Afrika angebaut wird.

Luffa-Fasern sind weniger rau als Borsten oder Fasern aus Sisal und eignen sich deswegen besonders gut für den Einstieg ins Trockenbürsten. Zudem lässt sich mit dem Massagehandschuh aus Luffa oder Sisal der Druck auf das Gewebe besser regulieren. Wenn Sie sehr empfindliche Haut haben, können Sie Ihre Bürstenmassage zunächst mit dem Handschuh beginnen und nach einer Weile auf die Bürste umsteigen. Benutzen Sie am Anfang schwächere Borsten, und setzen Sie Bürsten mit härteren Borsten erst ein, wenn Sie abgehärtet sind.

Bei sehr empfindlicher Haut hat sich zum Einstieg ein Massagehandschuh aus hautschonenden Luffa-Fasern bewährt. Auch Bürsten oder Handschuhe aus Sisal eignen sich gut für den Einstieg.

Zur Technik der Bürstenmassage

Die Bürstenmassage wird am besten morgens vor dem Duschen oder Waschen durchgeführt.

- Stellen Sie das rechte Bein angewinkelt auf einen Hocker oder die Badewannenkante, und bürsten Sie den Fuß mit kreisenden oder streichenden Bewegungen. Ganz wichtig ist, dass Sie dabei immer zum Herzen hin bürsten!
- Nachdem Sie das linke Bein massiert haben, behandeln Sie Bauch und Brust mit nur wenigen zarten Streichungen, das Gesäß wiederum verträgt etwas mehr Druck.
- Für den Rücken verwenden Sie die spezielle Rückenbürste, streichen Sie dabei von unten nach oben, immer in Richtung Herz, über die Schulter hinweg.
- Danach bürsten Sie Hände und Arme, den Abschluss bilden die Flanken von der Hüfte bis zur Achsel.

Sollten Sie sich sehr schnell erwärmen und einen raschen Anstieg des Kreislaufs verspüren, dann bürsten Sie an den ersten drei Tagen nur die Beine oder nur die Arme, bis sich Ihr Organismus an die Behandlung gewöhnt hat.

Für die Bürstenmassage benötigen Sie etwa drei bis fünf Minuten.

Bereits drei bis fünf Minuten Bürstenmassage täglich genügen, um Ihren Kreislauf anzukurbeln und Ihre Durchblutung zu verbessern. Sie werden sehen: Bald fühlen Sie sich fit und leistungsstark!

Die Fußreflexzonenmassage

Die Fußreflexzonenmassage ist eine sehr wirkungsvolle naturheilkundliche Anwendung, durch die ein geübter Therapeut auf belastete Organe und gestörte Körperfunktionen des Patienten einwirken kann. Dabei wird vorausgesetzt, dass ein direkter Zusammenhang besteht zwischen den Zonen am Fuß und den Organen sowie den Vorgängen im Körper.

Diese Annahme ist wissenschaftlich zwar noch nicht erwiesen, dennoch steht fest, dass es Beziehungen zwischen Körpersegmenten und Hautbezirken gibt. Als gesichert gilt der Zusammenhang zwischen Abschnitten der Wirbelsäule, aus denen bestimmte Nerven austreten, und Haut- und Körperbezirken, die von den entsprechenden Nerven versorgt werden (Headsche Zonen).

Jedem Bereich des Körpers ist ein Feld auf der Fußsohle zugeordnet. Nebenstehender Grafik können Sie wichtige Zonen, auch für die Durchblutung, entnehmen.

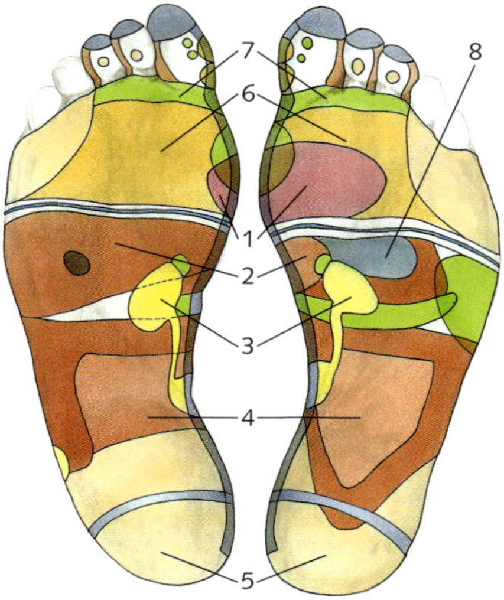

1 Herz
2 Leber
3 Nieren
4 Dünndarm
5 Becken
6 Lunge
7 Hals/Schilddrüse
8 Solarplexus

Eine systematische Darstellung der Reflexzonen am Fuß erarbeitete Mitte des 20. Jahrhunderts die Amerikanerin Eunice Ingham. Bekannt wurde die Heilweise in Deutschland vor allem durch Hanne Marquardt, die diese Therapieform durch eigene Erfahrungen erweiterte, Lehrstätten gründete und ihre Erkenntnisse der Öffentlichkeit zugänglich machte.

Die Wirkung der Fußreflexzonenmassage

Die Fußreflexzonenmassage wirkt auf vielfältige Weise: Die Durchblutung der Haut und des darunter liegenden Gewebes wird angeregt, an der behandelten Stelle und im Umfeld breitet sich ein Wärmegefühl aus, und die Muskulatur des Fußes entspannt sich. Reaktionen wie Kribbeln, Wärme oder auch ein schwaches Schmerzgefühl können bei der Behandlung eines bestimmten Punktes in anderen Körperregionen oder auch im anderen Fuß spürbar werden.

Als Begründer der Fußreflexzonenmassage gilt der amerikanische Arzt William H. Fitzgerald (1872–1942).

Bei der Eigenbehandlung Ihrer Füße werden Sie spüren, dass die besonders druckempfindlichen Stellen am Fuß zu Ihren empfindlichsten Körperbereichen gehören. Bekannt ist auch, dass zwischen den Füßen und der Durchblutung der Nasenschleimhaut Beziehungen bestehen, sodass bei kalten Füßen Minderdurchblutung, Abwehrschwäche und erhöhte Anfälligkeit für Schnupfen die Folgen sind.

Die Füße stellen ein verkleinertes Abbild des Körpers dar: Die einzelnen Fußreflexzonen entsprechen Körperteilen und inneren Organen. Eunice Ingham nennt die Füße deshalb auch die »zentrale Schaltstelle« des Körpers.

Zur Technik der Fußreflexzonenmassage

Die Fußreflexzonentherapie ist eine Massage mit tief gehender Wirkung. Wenn Sie sich Zeit dafür nehmen (pro Fuß eine Viertelstunde), die richtige Grifftechnik beherrschen und sie regelmäßig, am besten zweimal in der Woche, anwenden, kann sie Ihnen sofort und dauerhaft Linderung verschaffen. Nicht nur Ihre Füße, Ihr gesamter Körper wird auf Dauer besser durchblutet sein.

■ Den Rücken abstützen

Wählen Sie einen Ort und Zeitpunkt, an dem Sie ungestört sind. Da diese Massage sehr entspannend ist und Sie dabei ermüden können, sollten Sie die Massage am Mittag, Nachmittag oder Abend anwenden.

➤ Am besten setzen Sie sich dazu auf Ihre Couch oder auf Ihr Bett; Ihren Rücken lehnen Sie dabei an die Wand oder an die Rückseite des Bettes oder der Couch. Dass Ihr Rücken gestützt wird, ist sehr wichtig. Ein gebeugter Rücken bedeutet zusätzliche Anspannung: Die Rückenmuskulatur spannt sich an, der Bauchbereich wird zu stark eingeengt.

Durch Abtasten der Fußsohle lassen sich krankhafte Störungen erkennen. Druckempfindliche Stellen weisen auf Krankheiten hin. Die Behandlung erfolgt durch Massage der Reflexzonen.

➤ Winkeln Sie das entsprechende Bein an, das andere Bein bleibt ausgestreckt. Den Fuß, den Sie nicht behandeln, decken Sie zu; er könnte sonst zu sehr auskühlen.

➤ Wenn Sie Probleme haben, Ihren Fuß zu fassen, können Sie sich auch massieren lassen.

➤ Ein warmes Fußbad vor der Massage unterstützt die Wirkung der Massage. Trocknen Sie danach Ihre Füße gut ab.

➤ Zur Durchblutungsförderung können Sie auch ein Massageöl in den Fuß einreiben.

➤ Ihre Finger sollten beim Massieren trocken sein; nur so können Sie den Druck auf den Fuß regulieren.

Obwohl mit der Fußreflexzonenmassage gute Heilerfolge erzielt werden, sind die physiologischen Grundlagen dieser Therapieform bis heute nicht geklärt.

Regelmäßige Untersuchung der Füße

Nehmen Sie die Fußreflexzonenmassage zum Anlass, sich regelmäßig mit Ihren Füßen zu befassen. Die Füße sind bei vielen Durchblutungsstörungen stark in Mitleidenschaft gezogen. Regelmäßige Pflege kommt ihrer Durchblutung zugute.

- Machen Sie sich bewusst, wie es um Ihre Füße steht. Schauen Sie sie regelmäßig, am besten täglich, von unten mit einem Spiegel an.
- Achten Sie auf Rötungen, kleine Risse, druckempfindliche Stellen, Entzündungen und Druckstellen. Reiben Sie diese Stellen mit einer pflanzlichen Salbe aus Ringelblumen oder Kamille ein, einer Mineralstoffsalbe mit Silicea, Calcium fluoratum, Ferrum phosphoricum, Kalium fluoratum (bei Hühneraugen im täglichen Wechsel mit Calcium fluoratum), Kalium sulfuricum, Natrium chloratum (hilft auch bei Hautpilzerkrankungen) und Natrium sulfuricum.
- Mischen Sie sich ein Fußmassageöl mit hautpflegenden Essenzen, z. B. mit Orange, Zitrone oder Rosmarin, wie auf Seite 28 bis 29 beschrieben.

Nur mit dem Daumen massieren

Für die Selbstbehandlung benötigen Sie nur den Daumen. Legen Sie dazu die übrigen Finger auf den Fußrücken, während der Daumen von unten auf die Fußsohle drückt.

➤ Wichtig ist, dass Sie zwei Bewegungsabläufe ausführen: Führen Sie zunächst den Daumen über irgendeinen Punkt am Fuß, und halten Sie einen Moment inne, bevor Sie an dieser Stelle leicht in das Gewebe hineindrücken.

➤ Damit der Druck entspannt aus Ihrem Handgelenk fließt, sollten Sie auch Ihren Unterarm bewegen. Arbeiten Sie sich auf diese Weise Stück für Stück auf der Fußsohle voran.

➤ Wenn Sie einen schmerzhaften Punkt berühren, drücken Sie die Stelle fünf- bis zehnmal, und konzentrieren Sie sich dabei ganz auf Ihren Atem. Atmen Sie in die Stelle hinein. Wenn Sie spüren, dass der Schmerz nachlässt, fahren Sie wie oben beschrieben fort.

➤ Die Fußreflexzonenmassage sollte nicht schmerzhaft sein. Wenden Sie also keinen Druck an, der Ihre Schmerzgrenze erreicht. Sie führen damit nur an einer anderen Stelle Anspannungen herbei.

➤ Arbeiten Sie in Bahnen, nicht in Kreisen. Sie können bei der Massage die Richtung der Bahnen wechseln, z. B. eine Bahn von unten, der Ferse, beginnen und bis zu den Zehen nach oben arbeiten, die nächste Bahn von den Zehen hinunter zur Ferse. Oder Sie bearbeiten jede Bahn von unten nach oben oder von oben nach unten. Welche Technik Sie anwenden, bleibt ganz Ihnen überlassen; wichtig ist nur, dass Sie sie bis zum Ende durchführen, damit Sie möglichst jeden Punkt erreichen.

Noch besser wirkt die Fußreflexzonenmassage, wenn Sie vorher einige Atemübungen machen. Atmen Sie tief und entspannt ein und aus, und konzentrieren Sie sich dabei ganz auf Ihren Atem.

Akupressur

Die Akupunktur kennt (fast) jeder. Man versteht darunter eine Therapieform der traditionellen Chinesischen Heilkunst, bei der bestimmte Punkte auf den Energiebahnen (→ Seite 49) des Körpers mit Nadeln gestochen werden. Die Akupressur hingegen ist weniger bekannt, obwohl sie die ältere der beiden Behandlungsformen ist und eine 5000-jährige Geschichte vorweisen kann.

Mit Akupressur lassen sich bereits bestehende Krankheiten behandeln. Die aus China stammende Heilkunst hat aber auch große Bedeutung für die Prophylaxe.

Eine sehr gute Trägersubstanz ist Traubenkernöl: Es ist klar, fein und geruchlos. Außerdem zählt es zu den preiswerteren Ölen. Noch haltbarer ist es, wenn man der Mischung fünf Prozent Weizenkeimöl zugibt, um der Oxidation entgegenzuwirken.

Einkaufsliste

Ätherische Öle (je 5 ml)	(Preise gerundet, Stand 1999)
Lavendel	10–15 DM
Majoran	10–15 DM
Melisse (1 ml)	30–35 DM
Narde (1 ml)	15–20 DM
Orange	5–10 DM
Oregano	10–15 DM
Rosenöl (1 ml)	40–50 DM
Rosmarin	10–15 DM
Sandelholz	20–25 DM
Thymian	10–15 DM
Zitrone	5–10 DM

Kaltgepresste Öle als Trägersubstanz (je 100 ml)	
Aloe-Vera-Öl	15–20 DM
Aprikosenkernöl	10–15 DM
Avocadoöl	10–15 DM
Calendulaöl	10–15 DM
Erdnussöl	5–10 DM
Haselnussöl	10–15 DM
Johanniskrautöl	20–25 DM
Jojobaöl	20–25 DM
Maisöl	5–10 DM
Mandelöl	10–15 DM
Olivenöl	12–18 DM
Sonnenblumensamenöl	5–10 DM
Sojabohnenöl (250 ml)	5–10 DM
Traubenkernöl	5–10 DM
Weizenkeimöl	5–10 DM

Massagebürsten

Massagebürsten und Massagehandschuhe kosten zwischen 7 und 25 DM, je nach Größe und Borstenstärke bzw. Material.

Biochemische Salben nach Schüssler

Die biochemischen Salben kosten zwischen 10 und 15 DM:

Calcium fluoratum	Natrium chloratum
Ferrum phosphoricum	Silicea
Kalium fluoratum	

Mit der Akupressur verfügen wir über eine natürliche Heilmethode, die unsere Lebensenergien positiv beeinflussen kann. Sie macht es uns möglich, mit körpereigenen Kräften selbst für unsere Gesundheit zu sorgen.

Bei der Akupressur geht man von denselben Körperpunkten aus, die auch der Akupunktur zugrunde liegen. Allerdings reizt man sie nicht mit der Nadel, sondern behandelt sie durch Druck mit der Kuppe des Zeigefingers oder Daumens. Mehr als 1000 Akupunkturpunkte sind bekannt. Für die Akupressur reichen jedoch wenige, für das jeweilige Krankheitsbild typische Punkte. Da die Akupressurpunkte einfach zu finden sind, gelingt es jedem, die Akupressur an sich selbst auszuüben. Und die Behandlung hat garantiert keine Nebenwirkungen.

Die Energiebahnen des Körpers

Die Akupressur behandelt nicht die Symptome, sondern die Krankheitsursache, die nach Auffassung der Traditionellen Chinesischen Medizin im gestörten Gleichgewicht der Lebenskräfte zu suchen ist.

Die chinesische Akupunkturlehre nennt 14 unsichtbare Energiebahnen, auch Meridiane genannt, die den menschlichen Körper durchziehen. Diese Energiebahnen haben an den Fingern und Zehen Eintritts- und Austrittspunkte und in ihrem Verlauf bestimmte Stellen, die man Akupunkturpunkte nennt. Sie befinden sich, über den ganzen Körper verteilt, auf der über Nervenbahnen und Nervenzentren liegenden Hautoberfläche. Die anregende oder beruhigende Reizung dieser Punkte durch Nadeln wirkt sich auf die Organe aus und kann Erkrankungen lindern.
Jeder Meridian ist einem Organ zugeordnet und versorgt es mit Energie. Ist der Energiefluss eines Meridians über Jahre oder Jahrzehnte eingeschränkt, z. B. durch eine chronisch angespannte Muskulatur, kann das entsprechende Organ anfällig und geschädigt werden. Die Meridiane sind miteinander verbunden und

Nebenstehende Grafik zeigt den Verlauf der Meridiane oder Energiebahnen. Akupunktur und Akupressur aktivieren bestimmte Punkte auf den Meridianen, um den Energiefluss anzuregen.

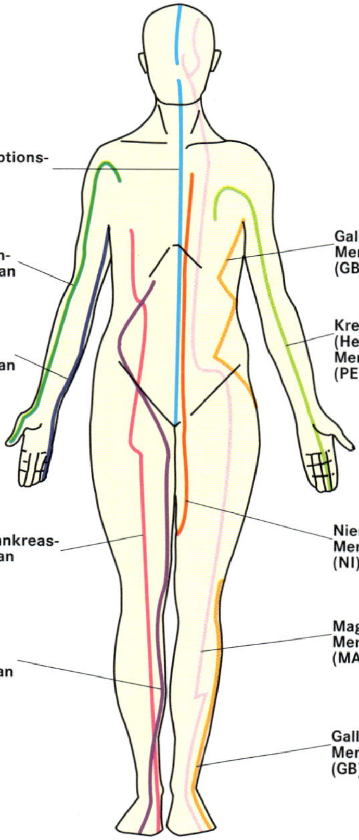

können sich gegenseitig Energie zuführen und abziehen. Ziel der Akupressur ist es, über bestimmte Punkte auf den Energiebahnen Störungen des Energieflusses zu beheben.

Grundlage der chinesischen Heilkunde ist die Auffassung, dass die Organe nur dann reibungslos funktionieren können, wenn die Lebensenergie (Qi) ungehindert fließt.

Die Wirkung der Akupressur

Gute Ergebnisse erzielt man mit der Akupressur bei chronischen Krankheiten, vor allem bei Schmerzen und Verkrampfungen, die durch die Muskulatur und innere Organe verursacht werden. Bei Störungen des vegetativen Nervensystems, das z. B. die Darmtätigkeit und die Atmung steuert, hilft Akupressur ebenso wie bei Nervosität, Schlaflosigkeit, Nervenschmerzen, Missempfindungen und Durchblutungsstörungen von Armen und Beinen.

Bei der Behandlung zu beachten

Die Akupressur eignet sich gut zur Selbstbehandlung. Während die Massage mit ätherischen Ölen, die Bürsten- und die Fußreflexzonenmassage regelmäßig und vorbeugend angewandt werden sollten und Zeit benötigen, können Sie die Akupressur auch auf die Schnelle, bei Bedarf zu jeder Tageszeit, ausüben und die Behandlung auch mehrmals täglich wiederholen.

➤ Die Akupressur wird am besten im Sitzen ausgeführt.

➤ Verwenden Sie zum Drücken die Kuppe des Zeigefingers oder Daumens.

➤ Die Handakupressurpunkte werden nicht mit der Kuppe, sondern mit dem Finger- oder Daumennagel massiert. Sie können statt des Daumennagels auch ein Hilfsmittel benutzen, z. B. einen Kugelschreiber ohne Mine. Die Fingernägel dürfen dabei nicht allzu lang sein, sonst ist der Druck zu schmerzhaft.

➤ Der Druck Ihres Fingers sollte nicht zu fest sein, damit Sie keine Gefäße abdrücken. Halten Sie den Finger locker auf der Haut, und führen Sie langsame, kreisende Bewegungen aus.

➤ Verschieben Sie die Haut mit Ihrem Finger am Akupressurpunkt zweimal in der Sekunde kreisend gegen das darunter liegende Gewebe, die Muskeln oder Knochen. Achten Sie dabei darauf, dass der Finger nicht von der Stelle rutscht.

Akupressiert wird mit der Kuppe des Daumens und des Zeigefingers. Nachdem der passende Druckpunkt gefunden ist, der einer Beschwerde zugeordnet werden kann, wird mit der Fingerkuppe sanfter Druck ausgeübt.

Wann darf Akupressur nicht angewendet werden?

- Nach dem Röntgen
- Bei großer Müdigkeit
- Während einer Schwangerschaft
- Bei schweren Herz-Kreislauf-Erkrankungen
- Bei Organschäden (angeborene und erworbene)
- Bei Nervenkrankheiten
- Bei bösartigen Tumoren
- Bei schweren, akuten Erkrankungen
- Bei Infektionen
- Bei Erkrankungen, die durch eine falsche Ernährung und Lebensweise verursacht wurden

Gelingt es, ein kribbelndes oder taubes Gefühl zu erzeugen, so deutet das darauf hin, dass der Druck auf den richtigen Punkt ausgeübt wurde.

Bleibt die korrekt ausgeführte Akupressur wirkungslos, müssen Sie Folgendes überprüfen: Haben Sie den richtigen Punkt massiert? Liegt eine Krankheit mit ähnlichen Symptomen, aber anderen Akupressurpunkten vor?

- Druck und Dauer der Behandlung sind von Körperpunkt zu Körperpunkt verschieden und werden genau angegeben.
- Meiden Sie Akupressurpunkte, die von einer Hauterkrankung (Flechte, Pilz) befallen oder entzündet sind.
- Atmen Sie während der Akupressur entspannt ein und aus.

So finden Sie den Behandlungspunkt

Die Akupressurpunkte stehen immer im Verhältnis zum Körper, zu seiner Größe und seinem Umfang. Es macht daher wenig Sinn, die Lage der Punkte in Zentimetern anzugeben. Das Maß, mit dessen Hilfe Sie die Punkte finden können, heißt Cun: Ein Cun entspricht der Breite des Daumens, drei Cun entsprechen der Breite der vier übrigen Finger, wenn sie dicht aneinander gehalten werden. Bei den folgenden bildhaften Darstellungen der Akupressurpunkte wurde jedoch auf dieses Maß verzichtet, weil Sie anhand der Bilder die Punkte leicht finden können.
Einige Punkte haben Namen, andere (die auf der Hand gelegenen) haben Nummern. Das liegt daran, dass die Punkte zu zwei verschiedenen Punkt-Systemen gehören: dem der Körperakupressur und dem gesonderten der Handakupressur.

Fast alle Punkte sind spiegelbildlich auf der rechten und linken Körperhälfte angeordnet. Behandeln Sie immer beide Punkte. Die größte Wirkung erzielen Sie, wenn Sie beide Punkte gleichzeitig massieren.

el-mü

Wenn Sie zu kalten Händen oder Füßen neigen, massieren Sie den Punkt el-mü. Bei der rechten Hand befindet er sich am linken unteren Nagelrand des Mittelfingers, bei der linken Hand am rechten unteren Nagelrand des Mittelfingers.
Massieren Sie den Punkt 20 Sekunden lang mit dem Daumennagel, mittelstark an beiden Fingern.

fei-yan

Bei Nackenschmerzen und Muskelverspannungen der Halswirbelsäule hilft die Massage des Punktes fei-yan. Sie finden ihn, indem Sie mit Ihren Händen rechts und links vom Hals nach hinten auf Ihre Schultern greifen. Bei waagrechter Stellung Ihrer angewinkelten Ellenbogen treffen Sie mit Ihren ausgestreckten

Zeigefingern genau auf den fei-yan-Punkt rechts und links der Halswirbelsäule. Massieren Sie ihn eine Minute ganz locker. Bei der zweiten Behandlung können Sie etwas fester drücken.

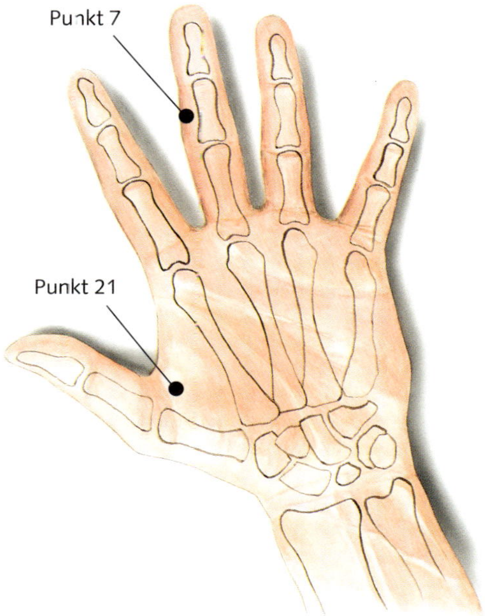

Punkt 14

Linderung verschafft auch die Akupressur des Punktes 14 der Handakupressur. Er befindet sich auf der Handoberfläche rechts vom Grundgelenk Ihres linken Zeigefingers. Massieren Sie ihn eine halbe Minute.

wuh-te

Bei Durchblutungsstörungen, die auf niedrigen Blutdruck zurückzuführen sind, massieren Sie den Punkt wuh-te. Er liegt bei der rechten Hand an der linken Unterkante des Kleinfingernagels, bei der linken Hand an der rechten Unterkante. Drücken Sie eine halbe Minute fest auf beide Punkte.

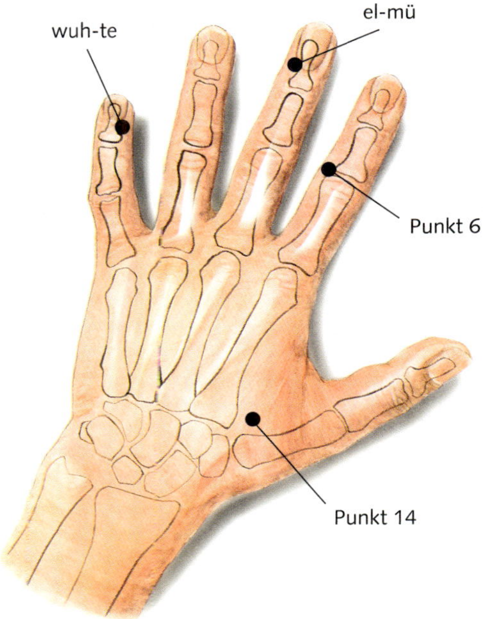

Punkt 6, 7, 8, 16 und 21, hsi-san

Auch Kopfschmerzen können durchblutungsbedingt sein. Unterschieden werden folgende Punkte:

Bei Stirnkopfschmerz drücken Sie die Punkte 6, 8, 16 und 21 aus der Handakupressur eine halbe Minute, mittelstark. Sie finden die Punkte an folgenden Stellen:

- Punkt 6 liegt unterhalb vom Mittelgelenk des Zeigefingers zur Fingeraußenseite hin.

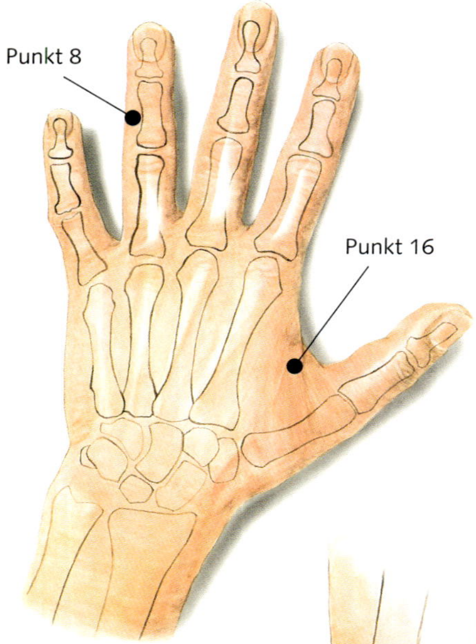

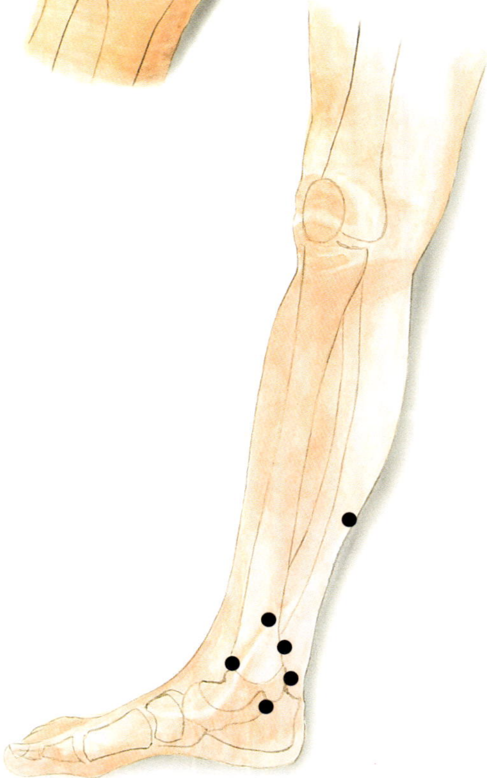

➤ Punkt 8 befindet sich an der Fingeraußenseite des Ringfinger-Mittelgelenks.

➤ Punkt 16 liegt am Daumengrundgelenk auf der Hautfalte zwischen Daumen und Hand.

➤ Punkt 21 befindet sich auf dem Handballen, und zwar auf der gedachten Verlängerung der Daumen- und Zeigefingerinnenkanten.

Zusätzlich können Sie beidseitig eine halbe Minute den Punkt hsi-san drücken, der über der Schläfengrube liegt.

Beim Scheitelkopfschmerz massieren Sie neben den genannten Punkten noch Punkt 7, der an der Fingerinnenseite des Mittelfinger-Mittelgelenks liegt. Drücken Sie, wenn Sie alle Punkte behandeln, jeden nicht länger als 15 Sekunden.

8,16 und 21, fen-chi

Bei Hinterkopfschmerz drücken Sie die Punkte 8, 16 und 21 je eine halbe Minute und zusätzlich 20 Sekunden beidseitig den Punkt fen-chi außen am Hinterkopf dort, wo die Hals- und Nackenmuskulatur ansetzt.

Krampfadern-Punkte

Bei Krampfadern hilft leichter Druck auf die fünf kreisförmig um den Innenknöchel gelegenen Punkte. Zusätzlich können Sie den Akupressurpunkt massieren, der sich eine Handbreit über dem Knöchel auf der Wade befindet. Massieren Sie jeden Punkt 15 Sekunden.

Tinnitus-Punkte

Linderung verschafft die Akupressur auch bei Ohrgeräuschen, dem Tinnitus. Die Ursache kann dadurch jedoch nicht behoben werden. Man vermutet, dass die Ohrgeräusche durch Fehlerregungen von Sinneszellen im Innenohr sowie von Nervenzellen im Gehörnerv und im Gehirn entstehen. Ein Tinnitus ist in vielen Fällen durch Infusionstherapien, die möglichst in den ersten Tagen nach dem Auftreten des Ohrgeräusches durchgeführt werden, erfolgreich zu behandeln. Tritt im Verlauf von drei Monaten keine Besserung ein, spricht man von einem chronischen Tinnitus. Dringendste Aufgabe des chronisch Erkrankten ist es, sich mit dem lästigen Ohrgeräusch zu arrangieren. Der Betroffene muss lernen, den Tinnitus nicht mehr wahrzunehmen. Kompetente medizinische Beratung, Erfahrungsaustausch mit anderen Betroffenen, diverse Entspannungstechniken, aber auch speziell entwickelte Geräte können ihn in diesen Bemühungen unterstützen.

Die Hauptpunkte der Akupressurbehandlung liegen auf der Ohrmuschel. Massieren Sie dazu Ihren Ohrknorpel von oben nach unten mit Daumen und Zeigefinger. Zusätzlich können Sie noch drei weitere Hilfspunkte drücken: Sie liegen direkt unter der Nase, zwischen Nase und Oberlippe und rechts und links oberhalb der Nase am inneren Ende der Augenbrauen.

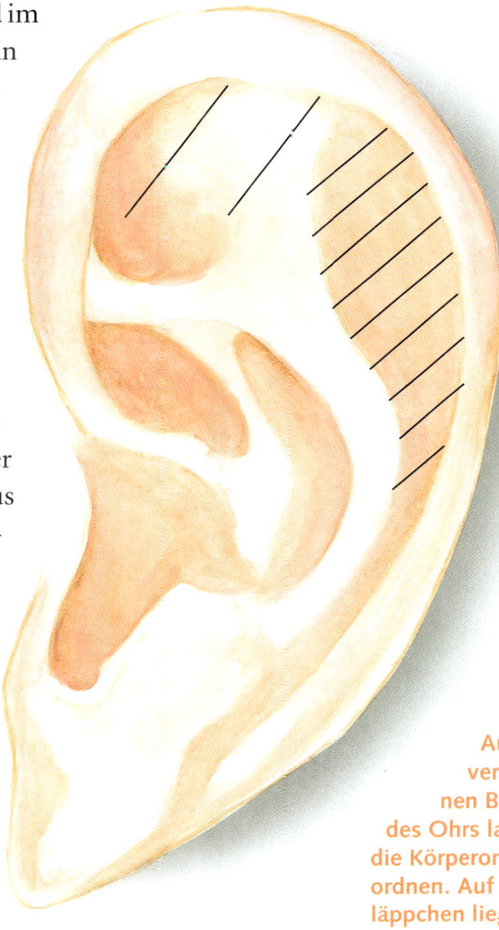

Auch verschiedenen Bereichen des Ohrs lassen sich die Körperorgane zuordnen. Auf dem Ohrläppchen liegen z. B. die Akupressurpunkte für Lunge, Augen und Mandeln.

Schon vor Sebastian Kneipp hatten sich Wasseranwendungen in der Heilkunde bewährt.

Die Heilkraft des Wassers

Seit alters her spielt in vielen Kulturen das Wasser bei der Behandlung von Krankheiten eine wichtige Rolle. Als reinigendes und heilendes Element, z. B. bei der Taufe oder bei Waschungen, hat Wasser in vielen Religionen symbolischen Charakter. Von den vielen verschiedenen Formen der Wasserbehandlung hat sich die Wasseranwendung nach Pfarrer Sebastian Kneipp bei der Behandlung und Vorbeugung von Gefäßerkrankungen besonders gut bewährt. In diesem Kapitel finden Sie die wichtigsten Kuren und Techniken für die Anwendung zu Hause.

Das Wasser im menschlichen Organismus

Schon im Altertum spielten Wasseranwendungen eine bedeutende Rolle in der Heilkunde. Verbreitung aber fanden sie erst wieder, nachdem der Geistliche Sebastian Kneipp im 19. Jahrhundert mit Wasserkuren Kranke gesunden ließ.

Wasser ist zum Leben so notwendig wie Blut. Der menschliche Körper besteht zu zwei Dritteln aus Wasser. Drei Viertel dieser Wassermenge befindet sich im Innern der Zellen und ein Viertel außerhalb. Davon entfallen drei bis vier Liter auf die Blutflüssigkeit, und acht bis neun Liter zirkulieren zwischen den Zellen. Dabei ist der Wassergehalt der einzelnen Organe sehr unterschiedlich. Das wasserreichste Organ ist die Niere, sie besteht über 80 Prozent aus Wasser, Herz und Lunge besitzen etwas unter 80 Prozent Wasser. Schließlich folgen mit etwa 75 Prozent Wasseranteil die Milz, das Muskelgewebe und das Gehirn sowie die Haut mit 70 Prozent. Alle Stoffwechselvorgänge, allen voran die Blutversorgung, benötigen Wasser. Schon bei einem Verlust von 10 Prozent der durchschnittlichen Wassermenge treten empfindliche Störungen, bei 20 Prozent tritt der Tod ein.

Wasser als Lösungs- und Transportmittel

Der Körper benötigt Wasser als Lösungs- und Transportmittel. So werden die meisten Stoffe vorwiegend in wässriger Lösung transportiert, wie die Nährstoffe, die wasserlöslichen Vitamine, die Enzyme, die Hormone, die Mineralstoffe, die Spurenelemente und einige auszuscheidende Substanzen, z. B. Harnstoff.

Wasser ist die Grundlage für den ständigen Austausch im Stoffwechsel. Es ist für die Quellfähigkeit bestimmter Eiweiße und Kohlehydrate verantwortlich und reguliert somit den Spannungszustand des Gewebes. Vorwiegend aus Wasser besteht die Lymphflüssigkeit. Schweiß und Urin setzen sich ebenfalls zu einem großen Teil aus Wasser zusammen, selbst bei der Atmung wird Wasser ausgeschieden. Zudem erfüllt Wasser wichtige Aufgaben im Bereich der Wärmeregulation: Da das Wasser Wärme wesentlich langsamer aufnimmt und abgibt als andere Stoffe, trägt es dazu bei, dass die Körpertemperatur nicht so schnell sinkt oder steigt.

Der tägliche Wasserbedarf des Menschen beträgt etwa zwei bis drei Liter. Er wird durch Aufnahme mit der Nahrung, Flüssigkeitszufuhr sowie durch Oxidation von Wasserstoff zu Wasser im Stoffwechsel gedeckt.

Dem Körper genügend Flüssigkeit zuführen

Der Mensch kann viele Wochen ohne Nahrung überleben, ohne Wasser jedoch nur etwa drei Tage. Wird dem Körper zu wenig Wasser zugeführt, verdickt sich das Blut und seine Fließeigenschaften verschlechtern sich. Dies kann u. a. zu Herzrhythmusstörungen führen. Die Haut wird trocken, die Entgiftung des Körpers über Haut, Atmung, Lymphe, Schweiß, Nieren und Darm ist nicht mehr gewährleistet, es kann zu Reizzuständen und Krämpfen, ausgelöst durch das zentrale Nervensystem, kommen.

Umgekehrt führt eine große Aufnahme von Flüssigkeit dazu, dass die Gefäße sich füllen, ihre Spannung zunimmt und der Blutdruck steigt. Deshalb ist eine ausgewogene Wasserbilanz für Gesundheit und Wohlbefinden von besonders großer Bedeutung. Der menschliche Organismus scheidet über die Haut, Lungen, Nieren, Darm und Schweißdrüsen täglich zwischen zwei und drei Liter Wasser aus. Diese Flüssigkeitsmenge muss dem Organismus täglich wieder zugeführt werden.

Bei ausreichender Flüssigkeitszufuhr verbessert sich die Fließeigenschaft des Blutes zusehends. Die Gefäße füllen sich, die Gefäßspannung nimmt zu, und der Blutdruck steigt.

Die Wirkung der Wasseranwendungen beruht in der Hauptsache auf dem Temperaturunterschied zwischen Wasser und Körper. Die Folge sind Reaktionen des Herz-Kreislauf-Systems, des Stoffwechsels, des Nervensystems und der körpereigenen Abwehrkräfte.

Täglich zwei Gläser stilles Wasser

Machen Sie es sich zur Gewohnheit, zwei Gläser stilles Wasser am Tag zu trinken. Diese einfache Maßnahme unterstützt Ihren Stoffwechsel, verbessert die Fließeigenschaft des Blutes und hilft Ihnen, gesund zu bleiben und sich wohl zu fühlen. In der kalten Jahreszeit können Sie das Wasser kurz erwärmen, damit führen Sie Ihrem Körper zusätzliche Energie zu.

Die Wirkung von Wasser

Der Mensch ist ein homöothermes Lebewesen. Das bedeutet, dass er stets die gleiche Körpertemperatur hat. Weicht die über Wärmezentren im Gehirn kontrollierte Körpertemperatur von der Norm ab, wie z. B. bei Fieber, starker Unterkühlung, Kälte- bzw. Wärmereizen im Winter oder Hochsommer, bemüht sich der Körper um Ausgleich: Er erweitert oder verengt die Gefäße und steigert oder vermindert die Atemfrequenz sowie die Herztätigkeit, er reagiert mit vermehrter Schweißabsonderung oder Kältezittern.

Bei Kälteeinwirkung von außen reagiert der Körper mit einer Drosselung der Durchblutung in der Peripherie, um zu verhindern, dass das Blut zu schnell abkühlt. Unter Peripherie versteht man die herzfernen Bezirke wie Beine und Füße, Arme und Hände. Die Haut wird blass. Kälte bewirkt ebenfalls ein Anspannen der Muskulatur, auch der Gefäßmuskulatur. Auf die Drosselung der peripheren Durchblutung und der Anspannung der Muskulatur bei einem Kältereiz folgt jedoch kurz darauf stets eine Wiedererwärmung, weil sich der Organismus zur Aufrechterhaltung seiner eigenen Temperatur um Temperaturausgleich bemüht. So bewirkt eine kalte Dusche am Morgen zunächst eine Minderdurchblutung, auf die der Körper jedoch sofort mit Wärmebildung durch Erweitern der Blutgefäße reagiert. Der Blutdruck steigt, man fühlt sich allgemein angeregt und belebt. Dehnt man die kalte Dusche zu lange aus, erschlaffen die Gefäße wieder, und die Körpertemperatur sinkt.

Während kaltes Wasser die Durchblutung fördert und die Abwehr stärkt, bringt heißes Wasser den Körper zum Schwitzen, wodurch der Körper entschlackt wird.

Die Behandlung mit Wasser

Auf dieser Reaktion des Körpers auf Temperaturreize basiert die Wirksamkeit von Wasseranwendungen. Zur Vorbeugung und Behandlung von Durchblutungsstörungen sind Wasseranwendungen verschiedenster Art hervorragend geeignet. Der Kaltwasserreiz trainiert durch das Zusammenziehen der Gefäßmuskulatur die Muskelschicht der Gefäße, was zu größerer Elastizität führt. Weitere wichtige Faktoren bei der Wasseranwendung sind das Erzeugen von Bewegung und Druck auf der Haut und der Wechsel zwischen warmer und kalter Anwendung. Wasseranwendungen regen jedoch nicht nur die Haut, das darunter liegende Gewebe und die Gefäße an, sondern beeinflussen über bestimmte Hautzonen, besonders entlang der Wirbelsäule, aus der Nerven austreten, auch innere Organe.

Wasseranwendungen zählen zu den besten Formen des Gefäßtrainings, da sie nicht nur die Gefäße, sondern den gesamten Kreislauf beleben und aktivieren.

Wasseranwendungen nach Pfarrer Kneipp

Begründet wurde die moderne Wasserheilkunde im vergangenen Jahrhundert durch den Bad Wörishofener Pfarrer Sebastian Kneipp (1821–1897). Er erweiterte die bereits bekannten Kaltwasserkuren um Warmwasseranwendungen und bewies die Bedeutung des Wechsels von warm und kalt. Den volkstümlichen Beinamen »Gießkannenpfarrer« erhielt er aufgrund der Wassergüsse, die er in die Wasserheilkunde einführte. Kneipp ging von dem Grundsatz aus, dass Wasser löst, entfernt und stärkt, indem es im Körper Reaktionen in Gang setzt, durch die die Selbstheilungskräfte aktiviert und die Ursachen von Krankheitssymptomen aufgelöst werden. Zusätzlich bezog Kneipp ausgewählte Nahrung, Bewegung und bestimmte Arzneipflanzen in seine Behandlung ein. Auch die psychische Verfassung der Patienten spielte bei der Therapie eine wichtige Rolle.

Mehr als hundert verschiedene Wasseranwendungen lassen sich auf Pfarrer Sebastian Kneipp zurückführen, von denen als wirkungsvollste Grundformen die Waschung, der Guss und das Wassertreten bekannt sind. Aus der Fülle der Möglichkeiten sollen hier die wichtigsten Anwendungen beschrieben werden.

Heilbäder in Österreich und Deutschland erfreuen sich nach wie vor großer Beliebtheit.

Damit die Anwendungen von Erfolg gekrönt sind, müssen sie regelmäßig, wenn möglich täglich und unter genauer Beachtung der Grundregeln durchgeführt werden.

Kalte, warme und wechselwarme Anwendungen

Bei Waschungen und Bädern unterscheidet man Anwendungen mit kaltem Wasser, mit warmem Wasser, mit wechselnd temperiertem Wasser (wechselwarme Anwendungen) und solche mit ansteigenden Temperaturen.

Die Kaltwasserbehandlung wird mit Wasser zwischen 15 und 18 °C durchgeführt. Sie fördert die Durchblutung und wirkt anregend und belebend. Sie darf nur kurz, zwischen 5 und 20 Sekunden angewandt werden; bei längerer Anwendung könnte sich der Behandelte unterkühlen.

Die Temperatur bei der Warmwasseranwendung liegt zwischen 38 und 41 (43) °C. Da durch die Wärme die Blutgefäße und Muskeln erschlaffen, entspannt und ermüdet die Behandlung. Bei den wechselwarmen Anwendungen kommt sowohl warmes Wasser zwischen 36 und 39 °C als auch kaltes zwischen 15 und 18 °C zum Einsatz. Auf drei bis fünf Minuten Warmwasseranwendung folgen 5 bis 20 Sekunden Kaltwasseranwendung. Diese Form der Behandlung eignet sich besonders gut zur Stärkung des körpereigenen Immunsystems.

Grundregeln der Behandlung

Als Therapie sollte die Wasseranwendung unter der Aufsicht eines Fachmannes eingesetzt werden. Verschiedene einfachere Waschungen und Bäder können zur Vorsorge aber auch sehr gut zu Hause durchgeführt werden.

Bei der Anwendung zu beachten

➤ Alle kalten oder wechselwarmen Wasseranwendungen dürfen nur mit gut durchwärmtem Körper (Bettwärme) durchgeführt werden; das gilt auch für Teilkörperanwendungen. Zum Aufwärmen empfiehlt sich heißes Duschen oder etwas Bewegung. Dabei gilt: Je wärmer der Körper, desto kürzer und kälter die Anwendung.

➤ Der Behandlungsraum sollte wohl temperiert sein (18 bis 22 °C). Zugluft ist unbedingt zu vermeiden.

- Atmen Sie während der Anwendungen (auch bei Kaltwasseranwendungen!) gleichmäßig und ruhig.
- Entleeren Sie vor jeder Kälteanwendung Blase und Darm.
- Der Wasserstrahl sollte nicht zu hart auf die Haut prallen, sondern die Haut sanft »ummanteln«.
- Die Anwendungen sollten nicht unmittelbar vor oder nach den Mahlzeiten durchgeführt werden. Der geeignete Zeitpunkt ist zwei Stunden vor oder nach den Mahlzeiten.
- Führen Sie täglich nicht mehr als drei Wasseranwendungen durch. Da der Körper drei bis vier Stunden braucht, um einen Reiz zu verarbeiten, sollten Sie zwischen den einzelnen Anwendungen drei Stunden pausieren.
- Wechselwarme Anwendungen (Waschungen, Güsse, Duschen, Bäder) beginnen mit warmem Wasser und enden mit kaltem. Sie können dabei bis zu dreimal zwischen warmem und kaltem Wasser wechseln.
- Nach der Behandlung streichen Sie das Wasser mit der Handkante vom Körper (nicht abtrocknen!). Wichtig ist nun das Aufwärmen des Körpers: Legen Sie sich eine halbe Stunde ins vorgewärmte Bett. Wenn Sie dafür keine Zeit haben, kleiden Sie sich an (am besten Jogginganzug) und wärmen sich durch schnelles Hin-

Die meisten häuslichen Wasserbehandlungen werden im Badezimmer durchgeführt. Der Raum sollte gut erwärmt sein. Achten Sie darauf, dass keine Zugluft entsteht, sonst können Sie sich eine Unterkühlung zuziehen.

Wichtig für kalte oder wechselwarme Wasseranwendungen ist es, dass Sie mit einem gut gewärmten Körper durchgeführt werden. Auch nach der Anwendung ist es empfehlenswert, den Körper warm zu halten.

Die Abreibung zählt neben der Waschung zu der mildesten Form der Wasseranwendung. Sie wird auch von schwerkranken, geschwächten und alten Menschen sehr gut vertragen.

Vorsicht!

- Bei arteriellen Verschlusskrankheiten sind Wasseranwendungen nur bedingt zu empfehlen.
- Alte und geschwächte Menschen sollten ohne Aufsicht keine Waschungen und Bäder anwenden.
- Brechen Sie die Behandlung sofort ab, wenn Sie sich während und nach der Wasseranwendung unwohl fühlen.

und Hergehen oder etwas Gymnastik auf. Sehr gut ist Seil springen und auf der Stelle hüpfen.

➤ Sehr kälteempfindliche Menschen sollten mit wechselwarmen Anwendungen beginnen und erst später Kaltwasseranwendungen einsetzen.

Die Abreibung

Für diese Behandlung benötigen Sie einen Partner sowie ein Wasserthermometer, eine wasserdichte Unterlage in Körperlänge und ein grobes Leinentuch in Körpergröße, mit dem Sie gut eingewickelt werden können. Vielleicht besitzen Sie eine alte ausrangierte Gardine oder Tischdecke? Sonst können Sie einen geeigneten Stoff (Leinen- und Baumwollstoff) kaufen. Waffelpiqué ist besonders empfehlenswert, weil es das Wasser gut aufsaugt und sich beim Umwickeln dem Körper gut anpasst. Ein Laken ist meist nicht grob genug. Neuen Stoff sollten Sie vor der ersten Anwendung waschen.

Die Anwendung erfolgt in einem wohl temperierten Raum (18 bis 22 °C), am besten eignet sich dafür das Badezimmer.

➤ Ihr Partner taucht das Tuch in kaltes Wasser (15 bis 18 °C), wringt es leicht aus, bis es nicht mehr tropft und wickelt es möglichst faltenfrei um Ihren Körper. Die Oberkante des Tuchs legt er um den Hals.

➤ Danach legen Sie sich auf eine Liege oder auf Ihr Bett (vorher mit einer wasserdichten Unterlage schützen, erhältlich im

Sanitätsgeschäft oder auch in einem Fachgeschäft für Babyausstattung).

➤ Ihr Partner schlägt die Enden des Tuchs so ein, dass Sie vollständig, von den Füßen bis zum Kopf, verpackt sind.

➤ Nun legt er seine Hände fest auf das feuchte Tuch und reibt Sie wie folgt ab: rechter Handrücken, rechter Arm außen zur Schulter hoch und an der Innenseite des Arms zurück zur Hand. Auf die linke Seite drehen, rechte Rückenhälfte von der Schulter bis zur Hüfte abreiben. Wieder auf den Rücken legen; die linke Oberkörperhälfte wird in der gleichen Reihenfolge behandelt. Danach wird der rechte Fuß behandelt: am Bein außen bis zur Hüfte, an der Innenseite wieder zum Fuß zurück, Fußsohle abreiben. Das linke Bein wird in der gleichen Weise behandelt. Als Letztes werden die beiden Gesäßhälften kräftig abgerieben.

➤ Die Abreibung dauert fünf bis zehn Minuten. Danach wird das Leinentuch entfernt, und Ihr Partner reibt Sie mit einem Handtuch trocken.

➤ Anschließend ruhen Sie eine halbe Stunde im warmen Bett (am besten mit einer Wärmflasche oder einem Kirschkernkissen). Die Anwendung kann zwei- bis sechsmal am Tag ausgeführt werden.

Regelmäßig angewandt, fördert die Abreibung die Durchblutung und Atmung, regt die Abwehr und den Stoffwechsel an.

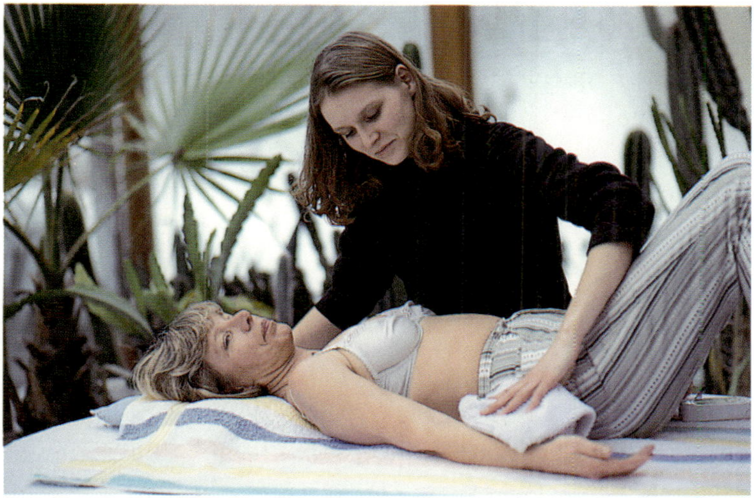

In Einzelfällen empfiehlt es sich, die Abreibung nur am Oberkörper oder an den Beinen durchzuführen und erst nach Gewöhnung zur Ganzkörperabreibung überzugehen.

Noch größer ist die Wirkung der Ganzkörperwaschung, wenn Sie dem Wasser Haushaltsessig zufügen (ein Teil Haushaltsessig auf zwei bis drei Teile Wasser).

Die Ganzkörperwaschung

Auch für die Ganzkörperwaschung benötigt man die Hilfe eines Partners. Sie können sie als kalte oder wechselwarme Waschung durchführen. Die Ganzkörperwaschung wirkt ähnlich wie die Abreibung, nur schwächer, da sie ohne Druck ausgeführt wird. Gewaschen wird in langen, sanften Strichen, ohne starke Reibung.

Die kalte Ganzkörperwaschung

Sie benötigen eine Schüssel mit kaltem Wasser und ein kleines Handtuch, ein Badetuch zum Liegen, eine wasserfeste Unterlage, eine leichte Decke oder ein Laken zum Zudecken.

➤ Legen Sie sich unbekleidet auf ein großes Badetuch, unter das Sie eine wasserfeste Unterlage gelegt haben.

➤ Ihr Partner taucht das Handtuch in die Schüssel mit kaltem Wasser, wringt es aus und reibt Ihren Körper wie folgt ab: rechter Handrücken, Arm außen hinauf zur Schulter, Arm innen entlang zur Hand zurück, Arm wieder innen hinauf bis zur Achselhöhle, Hals, rechte Schulter. Auf den Bauch drehen, die rechte Rückenhälfte bis zum Gesäß waschen. Anschließend hinten am Bein entlang zum Fuß. Wieder auf den Rücken drehen, das Bein innen entlang über die rechte Leiste und rechte Bauchhälfte bis

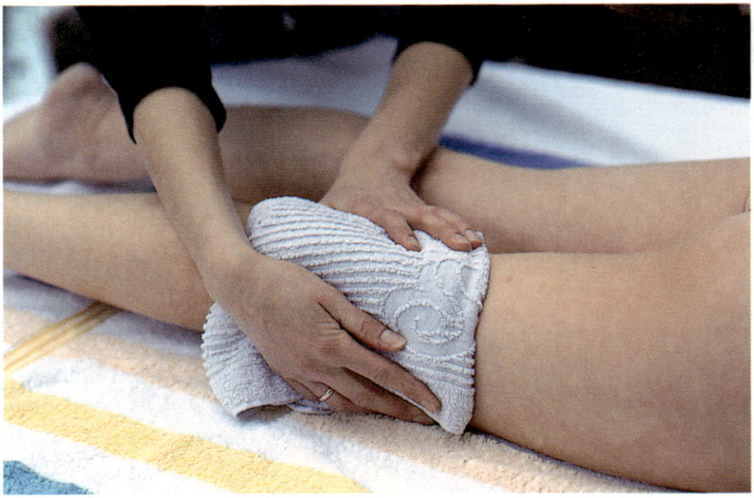

Um sich nicht zu erkälten, führen Sie die Waschung in einem gut geheizten Raum durch und meiden auch die geringste Zugluft.

zur Brust waschen. Die linke Körperhälfte wird auf die gleiche Weise behandelt.

- Damit Sie nicht auskühlen, sollten die Partien, die nicht gewaschen werden, zugedeckt werden.
- Während der Waschung das Tuch mehrmals anfeuchten.
- Nach der Waschung ruhen Sie gut zugedeckt eine halbe Stunde lang im vorgewärmten Bett, um den Ganzkörperdunst zu nutzen.

Bei der **wechselwarmen Ganzkörperwaschung** werden Sie zweimal gewaschen – zuerst mit warmem, dann mit kaltem Wasser. Ansonsten gehen Sie vor wie bei der kalten Ganzkörperwaschung.

Die kalte Oberkörperwaschung

Teilwaschungen haben den Vorteil, dass sie auch im Krankheitsfall, wenn der Patient das Bett hüten muss, durchgeführt werden können. Während der Waschung bleibt der Unterkörper zugedeckt.

Die Oberkörperwaschung können Sie alleine an sich ausführen. Die Behandlung erfolgt am besten im Badezimmer.

- Machen Sie Ihren Oberkörper frei, und lassen Sie kaltes Wasser ins Waschbecken laufen.
- Tauchen Sie ein kleines Handtuch ins Waschbecken, und wringen Sie es gut aus. Die Oberkörperwaschung wird wie folgt durchgeführt: rechter Handrücken, außen am rechten Arm hoch bis zur Schulter, zurück an der Innenseite des rechten Arms bis zur rechten Handfläche; innen am rechten Arm hinauf bis zur Achselhöhle, Hals, rechte Brust und rechte Bauchseite. Die linke Oberkörperhälfte wird in der gleichen Weise behandelt. Während der Waschung das Tuch mehrmals anfeuchten.
- Nach der Waschung ruhen Sie eine halbe Stunde im vorgewärmten Bett. Statt der Nachruhe können Sie zum Aufwärmen auch schnell hin- und hergehen. Wichtig ist, dass Sie den Körper an der Luft trocknen lassen und ihn nicht trocken reiben.

Die **wechselwarme Oberkörperwaschung** beginnt mit warmem Wasser und endet mit kaltem. Ansonsten gehen Sie vor wie bei der kalten Oberkörperwaschung. Oberkörperwaschungen sind vor allem dann angezeigt, wenn eine Ganzkörperwaschung zu sehr anstrengt.

Die wechselwarme Waschung der Beine

Anstelle des Oberkörpers können Sie auch nur die Beine abwaschen. Sie benötigen dafür ein kleines Handtuch sowie ein Waschbecken oder eine Schüssel.

➤ Tauchen Sie das Tuch in warmes Wasser, und wringen Sie es gut aus. Gehen Sie dabei wie folgt vor: rechtes Bein außen hoch bis zur Hüfte, innen am Bein entlang zurück bis zum Fuß, Fußsohle. Das linke Bein in der gleichen Weise behandeln. Wiederholen Sie die Waschung mit kaltem Wasser.

➤ Vermeiden Sie dabei jeden Druck, besonders wenn Sie unter Krampfadern leiden.

➤ Legen Sie sich nach der Waschung gut zugedeckt auf ein dickes Badehandtuch, und ruhen Sie zehn Minuten. Sollten Sie so nicht warm werden, können Sie Ihren Kreislauf durch schnelles Hin- und Hergehen unterstützen.

Der Guss

Kneipp hat eine ganze Reihe von Güssen entwickelt, die kalt (15–18 °C), wechselwarm (kalt: 15 °C, warm: 38 °C) und heiß (40 °C) durchgeführt werden können.

Der Guss wird in der Dusche oder in der Badewanne durchgeführt. Am besten verwenden Sie dazu einen Kneipp- bzw. Sauna-Schlauch oder einen Handbrausekopf, der sich so einstellen lässt, dass er dem Strahl einer Gießkanne ähnelt.

Der wechselwarme Knieguss

Der wechselwarme Knieguss wird in der Dusche oder der Badewanne durchgeführt. Beim Guss darf das Wasser aus dem Schlauch nur herausquellen; zu starker Druck könnte seine Wirkung beeinträchtigen. Die optimale Wirkung erzielen Sie, indem Sie den Handbrausekopf aus 15 Zentimeter Entfernung (zwei Handbreit einer Frauenhand) auf Ihre Beine richten. Beim Saunaschlauch sollte das Wasser etwa vier Querfinger breit herausquellen.

➤ Gehen Sie dabei wie folgt vor: vom kleinen Zeh des rechten Fußes über die Außenseite des Fußes zur Ferse, dreimal auf dem Fußrücken hin und her, dann außen an der Wade entlang bis kurz über die Kniekehle. An dieser Stelle fünf bis zehn Sekunden verweilen und das Wasser wie einen Mantel die Wade hinunterfließen lassen. An der Innenseite des rechten Unterschenkels zur Ferse zurückkehren. Das linke Bein genauso behandeln. Nun kommen die Vorderseiten an die Reihe. Zuerst das rechte Bein: von der Mitte des Fußrückens an der Außenkante des Schienbeins hoch zum Knie. Die Kniescheibe etwa zehn Sekunden umkreisen, an der Innenseite des Unterschenkels über die Ferse zum großen Zeh zurück. Das linke Bein genauso behandeln.

- Dabei den Strahl immer auf die Muskulatur, nicht auf die Knochen richten.
- Wiederholen Sie den Guss mit kaltem Wasser. Für beide Durchgänge benötigen Sie nicht mehr als zwei Minuten. Nach der Behandlung fühlen sich Ihre Beine und Füße wohlig warm und gut durchblutet an.
- Legen Sie sich zur Nachruhe fünf Minuten ins vorgewärmte Bett, oder machen Sie etwas Gymnastik.

Der wechselwarme Knieguss ist eines der wichtigsten Mittel zur Behandlung von Krampfadern, niedrigem Blutdruck und Schlafstörungen. Er sollte nicht angewendet werden bei Blasenschwäche, Harnwegsinfekt, Ischiasschmerzen und während der Menstruation.

Ziel eines jeden Gusses ist eine kurzzeitige Gefäßverengung. Auf sie folgt die Erweiterung – ein von den Gefäßen selbst regulierter Vorgang. Auf diesem Wechsel von Verengung und Erweiterung basiert das Durchblutungstraining.

Mit gymnastischen Übungen bringen Sie ihren Kreislauf in Schwung und unterstützen so zusätzlich die blutdrucksteigernde Wirkung des wechselwarmen Kniegusses.

Für den Guss empfiehlt sich ein Gummischlauch, der an die Wasserleitung angeschlossen werden kann. Er sollte mindestens zwei Meter lang sein und eine Öffnung von zwei Zentimetern haben.

Kneippen mit Maß

Zu viel ist ungesund! Auch beim Kneippen darf man nicht übertreiben. Kneippen Sie nie mehr als dreimal täglich.

»Ich glaube, dass ich kein Heilmittel aufführen kann, das sicherer heilt als das Wasser. Aber ich warne Euch vor zu viel Wasseranwendungen. Die Natur soll man nicht überladen.« So die Worte von Pfarrer Sebastian Kneipp.

Der wechselwarme Schenkelguss

Der Schenkelguss ist eine Variante des Kniegusses; nur wird er bis zur Hüfte durchgeführt.

- Wie beim Knieguss führen Sie das Wasser vom rechten Fuß zum rechten Knie und von dort außen am Oberschenkel hinauf bis zur Hüfte. An dieser Stelle zehn Sekunden verweilen, anschließend den Strahl über die Leistengegend an der Innenseite des Ober- und Unterschenkels zum Fuß zurückführen. Den Vorgang am linken Bein wiederholen.
- Achten Sie darauf, Schienbein, Blasengegend und Unterleib nicht direkt zu begießen.

Der wechselwarme Schenkelguss ist ein sehr wirksames Mittel bei der Behandlung von Krampfadern und Durchblutungsstörungen, bei Erkrankungen des Kopf- und Brustraums sowie bei Rheuma in den Beinen. Noch wirksamer ist er in Verbindung mit einem Armguss.

Der Guss hat den Vorteil, dass er auf benachbarte Körperpartien ausstrahlt: Der Knieguss wirkt auf Bauch- und Beckenorgane, der Armguss auf Brustorgane und Kopf.

Der Armguss

Dazu stellen Sie sich in die Badewanne und gehen wie folgt vor:

- Vom kleinen Finger an der Außenseite des Arms hoch bis zur Schulter, hier fünf bis zehn Sekunden verweilen, dann an der Achselhöhle und der Innenseite des Arms zurück zum Daumen. Erst der rechte Arm, dann der linke.
- Der Armguss kann als kalter oder als wechselwarmer Guss ausgeführt werden.

➤ Bei Schmerzen in der Schulter verlängern Sie den Guss über die Schulter hinaus bis zum Hals, an dieser Stelle fünf Sekunden verweilen, anschließend den Strahl den Arm hinunter zur Hand zurückführen.
Armgüsse helfen bei kalten Händen und Kopfschmerzen.

Der Gesichtsguss

Beim Gesichtsguss bleiben Mund und Augen geschlossen. Obwohl nur das Gesicht behandelt wird, ist es ratsam, die Anwendung unbekleidet im Stehen unter der Dusche durchzuführen. Gehen Sie wie folgt vor:

➤ Beim Gesichtsguss wird der Wasserstrahl von der rechten unteren Schläfe abwärts zum Kinn und um das Kinn herum wieder aufwärts zur linken Schläfe geführt. Gießen Sie mehrmals von rechts nach links über die Stirn und anschließend mehrere Male von den Augenbrauen zum Kinn hinunter und wieder hinauf. Zum Schluss kreisen Sie einmal mit dem Strahl um das Gesicht.

➤ Sie können den Gesichtsguss als kalten und als wechselwarmen Guss anwenden.

Der Gesichtsguss fördert die Durchblutung im Kopfbereich, hilft bei müden Augen sowie bei unreiner Gesichtshaut, die durch Minderdurchblutung verursacht wurde. Weitere Heilanzeigen sind blasse Gesichtshaut, Kühle im Kopf und Neigung zu Kopfschmerzen. Er ist außerdem ein wirksames Mittel zur Behandlung von beginnenden Infekten, da der Lymphfluss angeregt wird.

»Das Wassertreten bringt Ruhe und guten Schlaf«, schreibt Sebastian Kneipp. In der Tat ist das Wassertreten die ideale Abendanwendung. Am größten ist die Wirkung in der freien Natur – Kneipp ließ seine Patienten im fließenden Wasser eines Bachs auf und ab gehen.

Das Wassertreten

Bevor Sie mit dem Wassertreten beginnen, sollten Sie drei oder vier Wochen lang täglich eine Warm-Kalt-Wasseranwendung durchgeführt haben. Die Wirkung auf die Gefäße ist sehr stark und wird zusätzlich noch durch die Muskelpumpe gesteigert, die Sie durch die Bewegung der Beine in Gang setzen.

➤ Lassen Sie in die Badewanne kaltes Wasser bis etwa drei Viertel Wadenhöhe ein. Damit Sie in der Badewanne nicht ausgleiten,

Auch Schneetreten, eine Variante des Wasser- und Tautretens, ist ein hervorragendes Gefäßtraining. Ein bis zwei Minuten reichen aus, um die gewünschte Wirkung zu erzielen.

sollten Sie eine Gummimatte mit Noppen unterlegen, die zusätzlich die Reflexzonen der Fußsohlen anregt!

- Gehen Sie mit kleinen Schritten in der Badewanne hin und her, indem Sie erst das rechte, dann das linke Bein wie ein Storch senkrecht aus dem Wasser ziehen und senkrecht wieder hineintauchen.
- Die Anwendung dauert etwa 30 Sekunden. Wenn Ihre Füße zu stark erkalten, können Sie die Anwendung auch schon vorher beenden.
- Überschüssiges Wasser streifen Sie mit der Handkante ab (die Füße nicht trocken reiben!).
- Danach legen Sie sich fünf Minuten in das am Fußende vorgewärmte Bett.
- Sollten Ihre Füße erkalten, statt sich zu erwärmen, stehen Sie wieder auf. Ziehen Sie warme Socken an, und gehen Sie auf und ab, bis Sie eine wohlige Wärme verspüren, die sich von den Füßen her über die Beine ausbreitet.
- Eine Variante des Wassertretens ist das Tautreten. Gehen Sie dazu eine Minute lang im Storchengang im taufrischen Gras.

Wassertreten hilft bei venösen Beschwerden, bei Krampfadern und bei kalten Füßen.

Vor den Übungen zum Wassertreten sollten Sie drei oder vier Wochen lang täglich Warm-Kalt-Wasseranwendung durchführen.

Die Wechseldusche

Beim Wechselduschen beginnt man mit warmem Wasser und stellt nach zwei bis drei Minuten das Wasser auf kalt. Dabei richten Sie den Wasserstrahl mit einem Abstand von etwa 30 Zentimetern auf die Haut. Wechselduschen eignen sich vor allem zur Abhärtung und für sehr kälteempfindliche Menschen, die kalte Duschen schlecht vertragen, aber auf warme nicht genügend ansprechen.

➤ Duschen Sie zuerst den rechten Fuß, und führen Sie anschließend den Strahl an der Außenkante des rechten Beins hoch bis zur Hüfte.

➤ Von den Oberschenkeln führen Sie den Wasserstrahl langsam über die Hüfte an der Innenseite des Beins entlang hinunter zum rechten Fuß.

➤ Es folgen das linke Bein, der rechte und linke Arm bis zum Nacken, die rechte und linke Brust, rechte und linke Bauchseite.

➤ Wenn Sie sehr kälteempfindlich sind, lassen Sie die Dusche von Nacken, Brust und Bauch zunächst weg und steigern sich langsam. Bei regelmäßiger Anwendung werden Sie sich bald an das kalte Wasser gewöhnen.

➤ Anschließend duschen Sie zwei bis drei Minuten lang warm, bevor Sie sich von neuem kalt abbrausen.

➤ Nach Beendigung der Dusche streifen Sie überschüssiges Wasser mit der Handkante ab.

➤ Danach wickeln Sie sich in ein Badetuch ein (nicht trocken reiben!) und legen sich zehn Minuten ins vorgewärmte Bett. Sollten Sie frösteln oder frieren, sofort aufstehen, warm ankleiden und bewegen!

Wie bei den Güssen wirkt bei der Wechseldusche neben der Temperatur der Druck des Wassers, das aus der Höhe auf die Haut trifft.

Man unterscheidet kalte, warme, ansteigende und wechselwarme Bäder.
- *Kalt: 12 bis 15 °C*
- *Warm: 37 bis 39 °C*
- *Ansteigend: Mit 36 °C beginnen, nach 10 Minuten warmes Wasser zufließen lassen, bis 41 °C erreicht sind.*
- *Wechselwarm: Warm 38 °C, kalt 15 °C.*

Bäder

Menschen mit Herz-Kreislauf-Störungen vertragen heiße Voll- oder Sitzbäder oft nicht; deshalb sind sie nur bedingt einsetzbar. Wer einen niedrigen Blutdruck hat und an Durchblutungsstörungen leidet, sollte bei jedem Bad einen kreislaufanregenden Badezusatz ins Wasser geben.

Das warme Halbbad

Beim warmen Halbbad mit 37 bis 39 °C bleibt der Oberkörper frei. Kreislaufanregende Badezusätze steigern Wirkung und Wohlbefinden. Empfehlenswert sind folgende Zusätze:

➤ 100 Gramm Bullrichsalz-Pulver aus der Apotheke sorgen für eine basische Wirkung.

➤ Ebenfalls basisch wirken drei Esslöffel Zuckerrübensirup aus dem Reformhaus.

➤ Sie können fertige Badezusätze aus Latschenkiefer, Fichtennadel, Rosskastanie, Heublume oder Meersalz aus Drogerie und Apotheke verwenden oder sich aus einem ätherischen Öl einen eigenen Badezusatz mischen. Dafür vermengen Sie zehn Tropfen ätherisches Öl aus Kiefer, Fichte, Rosskastanie, Thymian, Rosmarin oder Wacholder mit drei Esslöffel naturreinem Honig und geben es dem Badewasser zu.

Im Gegensatz zu vielen Kneippanwendungen sind Bäder sehr einfach durchzuführen. Alles, was man braucht, ist eine Badewanne, genügend heißes und kaltes Wasser und ein Badethermometer.

➤ Sehr gut ist auch ein Tee aus Thymian oder Rosmarinblättern: 50 Gramm des Tees mit einem halben Liter kochendem Wasser aufgießen, 10 bis 15 Minuten ziehen lassen, abseihen und den Tee dem Badewasser zugeben. Rosmarin sollten Sie nicht abends verwenden, da er belebend wirkt und Sie am Einschlafen hindern könnte.

Warme Bäder reinigen, lösen Schweiß, Fette und Umweltverunreinigungen und entspannen Muskeln und Gelenke. Trocknen Sie sich danach gut ab, und gönnen Sie sich eine Nachruhe von 15 bis 30 Minuten, um die Wirkung zu vertiefen.

Das Wechselfußbad

Für das Wechselfußbad benötigen Sie zwei Wannen. Eine Wanne ist mit warmem Wasser gefüllt, die andere mit kaltem; das Wasser reicht Ihnen dabei bis zu den Waden.

➤ In der warmen Wanne baden Sie die Füße fünf Minuten, in der kalten 10 bis 15 Sekunden.

➤ Wiederholen Sie den Vorgang zweimal. Vor dem dritten Durchgang sollten Sie die Temperatur des Wassers prüfen und es gegebenenfalls wechseln.

➤ Nach Beendigung des Fußbades gehen Sie so lange in der Wohnung auf und ab, bis Ihre Füße trocken und warm sind (die Füße nicht trocken reiben).
Das Wechselfußbad hilft bei Arteriosklerose und fördert die Durchblutung der Füße und Beine.

Das ansteigende Bad gilt als die mildeste Form der Anwendung. Für Fußbäder empfiehlt sich die Anschaffung einer speziellen Fußbadewanne, in der das Wasser elektrisch aufgeheizt wird.

Das ansteigende Fußbad

Diese Anwendung führt man am besten in der Dusche durch. Sie benötigen dafür eine Wanne, ein Thermometer und einen wasserfesten Hocker. Die Wanne wird mit kaltem Wasser gefüllt und neben die Dusche gestellt. Das Wasser soll dabei Ihre Knöchel gut bedecken.

➤ Das ansteigende Fußbad beginnt bei 36 °C, nach zehn Minuten lassen Sie heißes Wasser in das Duschbecken zufließen, bis das Wasser eine Temperatur von 41 °C erreicht hat.

➤ Nach etwa zehn Minuten, wenn Ihnen schön heiß ist, nehmen Sie die Füße aus dem Wasser und stellen sie fünf bis zehn Sekunden in die Wanne mit kaltem Wasser.

➤ Zum Abschluss reiben Sie die Füße gut trocken und legen sich zur Nachruhe 20 Minuten ins vorgewärmte Bett.

Ansteigende Fußbäder helfen bei chronisch kalten Füßen, Arteriosklerose, bei Herz- und Gefäßerkrankungen, rheumatischen Erkrankungen und Infekten der Atemwegsorgane. Sie regen die Durchblutung an und verringern die Neigung, Fußschweiß zu bilden.

Vorsicht bei Krampfadern! In diesem Fall keine ansteigenden Bäder über Knöchelhöhe durchführen.

Das kalte Fußbad

Das kalte Fußbad wird in der Regel nicht länger als 5 bis 15 Sekunden angewendet (im Höchstfall zwei Minuten). Danach Füße und Waden kräftig trocken reiben und einige gymnastische Beinübungen ausführen.
Das kalte Fußbad hilft bei Krampfadern und niedrigem Blutdruck, bei Kreislaufstörungen, Kopfschmerzen und Schlafstörungen. Nicht geeignet ist es bei Bluthochdruck, Blasenbeschwerden, arteriellen Verschlüssen und Ischiasbeschwerden.

Bis unter die Achselhöhlen sollten Sie Ihren Arm bei einem Armbad ins Wasser halten.

Das warme Fußbad

Wie beim Teilbad sind auch beim warmen Fußbad Badezusätze sehr wirkungsvoll. Bei schweren Füßen und Beinen hilft zum Beispiel ein Aufguss mit dem mineralstoffreichen Kartoffel- oder Gemüsewasser vom Mittagessen. (Die Kartoffeln mit Schale kochen, aber vorher gründlich abbürsten.)

➤ Das Fußbad dauert 10 bis 15 Minuten. Ihre Beine sollten dabei bis zu den Waden mit Wasser bedeckt sein.

➤ Nach der Anwendung reiben Sie Ihre Füße kräftig trocken. Sie können das Fußbad auch mit einem kalten Knieguss beenden – das steigert die Wirkung zusätzlich.

Das warme Fußbad hilft bei kalten Füßen und verringert die Neigung, Fußschweiß zu bilden. Nicht geeignet ist es bei Krampfadern, Ödemen und Lymphstauungen.

Armbäder helfen bei Durchblutungsstörungen, Krämpfen und Entzündungen in den Armen, Herz-Kreislauf-Erkrankungen und Lymphabflussstörungen im Kopfbereich.

Das Armbad

Das kalte Armbad dauert 20 bis 30 Sekunden. Sie benötigen dafür eine Wanne oder ein Waschbecken, das groß genug ist, dass Sie darin beide Arme eintauchen können. Sie können die Arme dabei natürlich beugen.

➤ Ihre Arme sollten dabei bis kurz unter die Achselhöhlen mit Wasser bedeckt sein. Nach der Anwendung reiben Sie Ihre Arme mit einem groben Handtuch trocken und schwingen sie hin und her, um die Durchblutung zu unterstützen.

➤ Ein warmes Armbad dauert 10 bis 15 Minuten. Als Abschluss empfiehlt sich ein kalter Armguss.

Auflage, Wickel und Packung

Auflagen, Wickel und Packungen können Durchblutungsstörungen zwar nicht heilen, doch sie fördern die Durchblutung, verschaffen Linderung bei schmerzhaften Krampfadern, beruhigen bei nervösen Herzbeschwerden und stärken das Herz.

Die Anwendung mit Auflagen dauert durchschnittlich eineinhalb bis zwei Stunden. Insgesamt kann sie ein- bis viermal täglich durchgeführt werden. Zusätze wie Lehm, Quark oder Heilkräuter verbessern ihre Wirkung.

Warme und kühlende Wickel

Es gibt kühlende Auflagen und Wickel, die nur mit kaltem Wasser getränkt sind. Sie wirken entzündungshemmend und entziehen dem Körper Wärme (z. B. der Wadenwickel).
Warme Auflagen und Wickel hingegen fördern die Durchblutung. Um die kühlende bzw. wärmende Eigenschaft eines Wickels zu unterstützen, können Sie einen Eisbeutel, eine Wärmflasche oder ein Kirschkernsäckchen verwenden. Auflagen und Wickel wirken außer durch ihre Temperatur auch durch Kräuteressenzen, die ihnen beigemischt wurden. Werden Wickel mit stofflichen Zusätzen wie Lehm oder Quark versehen, nennt man sie Packungen.

Auflage oder Wickel?

Auflage und Wickel, umgangssprachlich auch Umschläge genannt, unterscheiden sich nur durch ihre Größe: Eine Auflage (auch Kompresse genannt) besteht aus einem Tuch aus Baumwolle oder Leinen, das man auf die zu behandelnde Stelle des Körpers legt, und einem darüber ausgebreiteten, etwas größeren Tuch aus Wolle. Ein Wickel setzt sich ebenfalls aus einem Baumwoll- oder Leinentuch und einem zweiten Wolltuch zusammen, umhüllt aber den betreffenden Körperteil.

Das brauchen Sie:

- Ein luftdurchlässiges Baumwoll- oder Leinentuch für die Auflage, z. B. eine Stoffwindel, die Sie in der Babyabteilung eines Kaufhauses kaufen können. Auch alte Küchenhandtücher eignen sich sehr gut.
- Ein weiches Baumwolltuch (am besten ein Moltontuch) oder ein Handtuch, das Sie um das Baumwoll- bzw. Leinentuch wickeln, falls Sie einen mit Essenzen, Lehm oder Quark getränkten Wickel anlegen möchten.
- Ein Wolltuch, das als letzte Schicht aufgelegt wird und vor Verunreinigung schützt.

Das Anlegen eines Wickels

➤ Nehmen Sie vor dem Anlegen der Auflagen und Wickel stets Flüssigkeit (Früchtetee, Saft oder Wasser) zu sich, denn beide wirken über die Haut auf den Stoffwechsel. Durch zusätzliche Flüssigkeitsaufnahme unterstützen Sie ihre entschlackende und reinigende Wirkung.

➤ Beim Anlegen der Auflagen oder Wickel sollten Sie entspannt sitzen oder liegen; hilfreich ist ein Kissen oder Handtuch hinter dem Rücken bzw. unter dem Kopf.

➤ Der Wickel muss faltenfrei sitzen, sonst können Druckstellen auf der Haut entstehen.

➤ Der Raum, in dem Sie sich aufhalten, sollte wohl temperiert sein (20 °C).

➤ Halten Sie beim warmen Wickel das heiße Tuch zur Prüfung der Temperatur an Ihre Wange, bevor Sie es auf die zu behandelnde Körperstelle legen. Warme Wickel sollten Sie schnell anlegen, damit nicht zu viel Wärme entweicht.

➤ Das zweite Tuch (Moltontuch oder Handtuch) sowie das Wolltuch kann man vorher auf der Heizung anwärmen oder kurz bügeln.

➤ Der kalte Wickel darf nur so lange einziehen, bis er aufgewärmt ist. Nach zehn Minuten sollte man ihn wechseln.

Wickel mit ätherischen Ölen sollten nur bei intakten Hautoberflächen (Vorsicht bei Rissen, Rötungen und Verletzungen!) angewendet werden.

➤ Beim Anlegen eines kalten Wickels müssen Sie darauf achten, dass die zu behandelnde Körperstelle warm ist. Wenn Sie frösteln, den Wickel bitte sofort abnehmen!

Bei Krampfadern

Bei Krampfadern in den Beinen empfehlen sich Auflagen oder Wickel, die mit Essenzen, z. B. Teebaumöl, getränkt oder mit Lehm oder Quark angereichert sind.

Teebaumöl: Tauchen Sie ein Tuch in kaltes Wasser, und wringen Sie es aus. Beträufeln Sie es, je nach Größe der Auflage oder des Wickels, mit fünf bis acht Tropfen Teebaumöl, und legen Sie es auf die schmerzende Stelle.

Teebaumöl wird durch Dampfdestillation aus den Blättern und den kleinen Zweigen des australischen Teebaumes gewonnen. Teebaumöl hilft u. a. bei Magenverstimmung, Erkältung, Halsschmerzen und Bronchitis.

Lehm: Rühren Sie das Lehmpulver nach Anweisung des Herstellers mit etwas kaltem Wasser an. Sie können statt der angegebenen Menge Wasser auch kalten Kräutertee oder im Mischungsverhältnis halb Wasser, halb Obstessig verwenden.

So geht's

➤ Legen Sie für die Auflage oder den Wickel zwei Leinentücher in der benötigten Größe auf einer Arbeitsfläche bereit – eins für die Kompresse und ein größeres für den Umschlag.

Kirschkernsäckchen

Ein Kirschkernsäckchen auf dem Wickel kann die Tiefenwirkung des Wickels noch verstärken. Kirschkernsäckchen sind im Reformhaus oder in der Apotheke erhältlich und eignen sich sowohl zur Wärmebehandlung als auch zur Kältebehandlung.

Soll das Kirschkernsäckchen wärmen, heizen Sie es 15 Minuten lang bei 150 °C im Backofen auf; soll es kühlende Wirkung haben, legen Sie es eine halbe Stunde lang ins Gefrierfach. Das Kirschkernsäckchen hält die Kälte besser als eine Fertig-Kühlkompresse.

➤ Tragen Sie den dickflüssigen Lehmbrei mit einem breiten Küchenmesser oder einem Teigschaber einen halben Zentimeter dick auf das Leinentuch auf, sodass es großflächig bedeckt ist.

➤ Am besten häufen Sie die Masse in der Mitte des Tuchs auf und streichen von dort zu den Rändern hin, damit sich die Masse gleichmäßig verteilt.

➤ Dieses mit Lehm getränkte Tuch legen Sie auf ein größeres Leinentuch, das Sie wie einen Briefumschlag um das Lehmtuch falten.

➤ Wickeln Sie das Tuch um die zu behandelnde Stelle. Um die kühlende Wirkung zu verstärken, können Sie ein zweites feuchtes Tuch um das lehmgetränkte Leinentuch im Umschlag legen, bevor Sie das abschließende Wolltuch umwickeln.

➤ Lassen Sie den Wickel 10 bis 20 Minuten einwirken. Entfernen Sie ihn jedoch, sobald er warm wird. Nach dem Entfernen des Wickels wird die Haut gründlich gewaschen, gut abgetrocknet und eingecremt.

■ Verdauungsbeschwerden aufgrund von Durchblutungsstörungen

Seit alters her weiß man die Wirkung von Breiumschlägen aus Kartoffeln, Leinsamen und Bockshornkleesamen bei durchblutungsbedingten Erkrankungen zu schätzen. Je nach Bedarf kann man sie zwei- bis viermal täglich anwenden.

Bockshornkleesamen: Eine Auflage oder ein Wickel aus Bockshornkleesamen fördert die Durchblutung und wirkt zusätzlich auf die Leber.

➤ Für einen Bauchwickel mischen Sie aus einem viertel Liter kaltem Wasser und sechs Esslöffeln Bockshornkleesamen einen Brei. Unter Rühren bei mittlerer Hitze erwärmen, bis die Masse zähflüssig wird und zu kochen beginnt. Die Masse vom Herd

Quarkwickel

Statt des Lehms können Sie auch Quark verwenden. Tragen Sie den Quark, wie beim Lehm beschrieben, fingerdick auf das Tuch auf, ohne ihn jedoch ganz bis an die Ränder zu streichen, sonst quillt er an den Seiten heraus, wenn Sie das zweite Tuch wie einen Briefumschlag darüber legen.

nehmen und wie beim Lehm angegeben auf das Leinentuch streichen. Das Leinentuch wie einen Briefumschlag falten und auf den Bauch legen.

Leinsamen: Ein Breiumschlag aus klein gestoßenem Leinsamen hilft bei Verdauungsbeschwerden. Bereiten Sie die Auflage oder den Wickel wie beim Bockshornkleesamen beschrieben zu.

Kartoffelbreisack: Für diese Behandlung benötigen Sie einen Sack aus Leinenstoff oder Baumwolle (z. B. einen kleinen Einkaufsbeutel oder einen Kissenbezug).

➤ Für eine kleine Auflage kochen Sie drei ungeschälte mittelgroße Kartoffeln (für einen Umschlag benötigen Sie fünf bis sieben Stück). Die gekochten Kartoffeln in den Sack füllen und möglichst schnell mit einem Stampfer zerdrücken, sodass eine weiche, püreeartige Masse entsteht. Den Kartoffelbreisack auf die zu behandelnde Körperstelle legen und mit einem zweiten Leinentuch und einem Wolltuch bedecken.

➤ Achten Sie darauf, dass während des Kartoffelstampfens nicht zu viel Wärme entweicht. Sie können einem Wärmeverlust vorbeugen, indem Sie auf die Kartoffel-Auflage noch ein Kirschkernsäckchen legen.

Heublumen: Heublumen-Wickel und -Auflagen lindern Entzündungen und Schmerzen und wirken über die Haut stark entgiftungs- und durchblutungsfördernd auf den Organismus. Fertige Heublumensäckchen gibt es in Reformhäusern und Apotheken. Man kann es aber auch leicht selber zubereiten:

Heublumen wärmen nicht nur, sondern fördern auch die Ausscheidung von Giftstoffen über die Haut, sodass Entzündungen rasch abklingen.

➤ Einen Leinensack zu zwei Dritteln mit Heublumen füllen und fest zubinden.

➤ Heublumensäckchen in einen Topf mit kochendem Wasser legen und 20 Minuten zugedeckt ziehen lassen. Gummihandschuhe überziehen, das Säckchen aus dem Topf nehmen und auspressen. Nach Abkühlung auf 40 °C auf die zu behandelnde Stelle legen und mit zwei Tüchern umwickeln.

Durch Herzmuskelschwäche bedingte Durchblutungsstörungen

Ältere Menschen leiden häufig an Herzmuskelschwäche. Stärkend wirkt ein heißer Kohlwickel abends vor dem Schlafengehen.

➤ Dazu nehmen Sie ein paar Blätter frischen Weißkohl oder Wirsing (vom Wirsing die inneren Blätter, weil sie weicher sind und sich besser an die Haut anpassen). Die Blätter 15 Minuten in heißem Wasser einweichen und kurz abtropfen lassen. Sie können die Blätter auch leicht auswringen.

➤ Legen Sie die Blätter auf Ihre Brust, und wickeln Sie schnell ein trockenes Tuch darum, das Sie mit dem Gürtel eines Bademantels fixieren. Da die Blätter schnell auskühlen, empfiehlt es sich, ein heißes Kirschkernsäckchen als zusätzliche Wärmequelle aufzulegen.

➤ Hüllen Sie sich in eine Decke, oder ziehen Sie einen Bademantel oder warmen Pullover an, damit die Wärme gut gehalten wird. Lassen Sie den Wickel eine Stunde angelegt.

Nervöse Herzbeschwerden

Bei nervösen Herzbeschwerden hilft eine kalte Auflage auf der Brust. Lassen Sie die Auflage 15 Minuten wirken.

➤ Eine Zugabe von drei bis fünf Tropfen ätherischem Öl aus Angelikawurzel, Melisse oder Johanniskraut verstärkt die Wirkung. Bewährt hat sich auch Weißdorn oder Ginseng.

➤ Dafür einfach das Tuch statt in kaltes Wasser in einen abgekühlten Aufguss aus Weißdorn oder Ginseng tauchen.

Die Sauna

Saunieren trainiert die Blutgefäßregulation, regt den Stoffwechsel an, entschlackt und härtet ab. Gelegenheit zum Saunabesuch bietet jede größere Stadt.

Die Sauna wirkt durch den Wechsel zwischen heißer, trockener Luft und Wasseranwendung einerseits und zwischen heiß und kalt andererseits. Der Körper reagiert dabei wie bei den Wasseranwendungen: Durch die Wärme erweitern sich die Blutgefäße, Schweiß bildet sich. Auf diese Weise kann der Körper die Körpertemperatur trotz einwirkender Hitze von außen konstant halten. Obwohl von der Körperoberfläche in jeder Minute zehn

Die Hitze der Sauna erweitert die menschlichen Blutgefäße. Es bildet sich Schweiß, der dabei hilft, die Körpertemperatur aufrecht zu erhalten.

Gramm Wasser verdampfen, reicht diese Kühlung während des Saunabesuchs nicht aus, um die Körpertemperatur konstant zu halten. Die Folge ist: Die Blutgefäße erweitern sich noch mehr, mehr Blut kommt in Umlauf, und die Pulsfrequenz verdoppelt sich. Der Körper erwärmt sich, bis in der Abkühlphase die Körpertemperatur wieder auf ihren Normalwert sinkt.

Die Wirkung auf den Körper

In Finnland und anderen nordischen Ländern schätzt man die Sauna seit langem wegen ihrer abhärtenden, gesundheitsfördernden Wirkung. Der Wechsel von heiß und kalt trainiert die Gefäßregulation, regt den Stoffwechsel an und fördert die Ausscheidung von Schlacken und anderen Krankheitsstoffen über die Haut. Die körperlichen Funktionen werden spürbar verbessert; der Wechsel von Entspannen, Überwärmen und Ausschwemmen stärkt Herz und Blutkreislauf.

Traditionell wird in Finnland die durchblutungsfördernde Wirkung zusätzlich mit Birkenzweigen unterstützt. Die feinen Zweige, mit denen sich der Saunabesucher während des Saunierens auf die Haut schlägt, regen die Durchblutung an.

Am wirkungsvollsten ist der Saunabesuch am frühen Abend. Zu dieser Zeit kann der Körper die Stoffwechselvorgänge am besten verarbeiten.

Wie oft?

Optimal sind drei Saunagänge. So ist die Wirkung am größten, und der Organismus wird nicht zu sehr belastet. Machen Sie vor dem zweiten und dritten Saunagang ein Wechselfußbad, um die neuerliche Erwärmung des Körpers zu unterstützen.

Mittlerweile werden sogar für das Saunieren zu Hause zusammenrollbare Saunaeinzelkabinen angeboten, bei der sich der Kopf außerhalb befindet.

Die Einrichtungen der Sauna

Zur Einrichtung einer Sauna gehören die Schwitzkammer, eine warme Dusche für das Reinigungsbad, Kaltwassereinrichtungen wie Schlauch, Mehrfachkörperdusche, Schwallbrause, eventuell auch ein kleines Becken sowie zwei Fußwannen, in denen man die Füße wechselwarm baden kann. Außerdem sollte eine Ruhebank oder Liege für die Nachruhe vorhanden sein. Öffentliche Saunabäder besitzen häufig ein Schwimmbad und einen Freiluftbezirk.

Die Sauna benötigt je nach Außentemperatur eine Aufheizzeit von ein bis zwei Stunden, bis die Luft auf 100 °C angewärmt ist. Sauniert wird immer unbekleidet. Als Unterlage empfiehlt sich ein kleines Handtuch; ein großes Badetuch würde die Wärme zu sehr vom Körper abschirmen.

Beim Saunieren zu beachten

Folgende Regeln sollten Sie beim Saunagang unbedingt beachten:

- Begrenzen Sie die Saunagänge auf 8 bis 15 Minuten. Sollten Sie zu sehr schwitzen, verlassen Sie die Sauna auch früher!
- Betreten Sie die Sauna immer mit trockener Haut. So bildet sich schneller Schweiß. Deshalb: Nach dem Duschen immer gut abtrocknen!
- Ein warmes Fußbad vor dem Saunagang verhindert, dass Sie zu sehr schwitzen.
- Setzen Sie sich vor dem Verlassen der Sauna ein paar Sekunden aufrecht auf eine Bank, damit das Blut nicht durch das schnelle Aufstehen im Gewebe versackt.

Zwischen letzter Mahlzeit und erstem Saunagang sollten mindestens zwei Stunden liegen, sonst kann es zu Herz-Kreislauf-Störungen kommen.

➤ Nach der Erwärmung folgt immer die Abkühlung: im kühlen Tauchbad, unter der kalten Dusche oder beim Wasser-, Gras- oder Schneetreten an der kalten Außenluft. Zusätzlich empfiehlt sich ein Kaltwasserguss der Füße, Beine, Hände und Arme.

➤ Ruhen Sie nach der Sauna eine halbe Stunde aus.

Nicht erlaubt ist die Sauna bei aufkommenden Erkrankungen wie Erkältung und Grippe sowie bei Fieber. Wer zu hohem Blutdruck neigt, kann grundsätzlich saunieren, sollte aber Rücksprache mit seinem Arzt halten und nicht das kalte Tauchbecken benutzen. Verboten ist die Sauna bei Entzündungen innerer Organe, nicht ausgeheilter Lungen-Tuberkulose, Krebs und Gehirnerkrankungen. Lange Zeit wurden Venenkranken Saunabesuche strikt untersagt. Heute unterscheidet man zwischen leichteren Krampfaderproblemen und Venenpatienten mit massiven Stauungen. Erlaubt ist der Saunabesuch nur Ersteren!

Regeln für Venenkranke:

- *Nicht länger als acht bis zehn Minuten saunieren.*
- *Beim Schwitzen in der Sauna die Beine hochlegen.*
- *Nach dem Saunagang sofort die Beine mit einem Kaltwasserguss abkühlen.*

Einkaufsliste

Für Auflagen, Wickel, Bäder, Wasseranwendungen benötigen Sie:	(Preise gerundet, Stand 1999)
Leinentuch (1,50 Meter breit, pro Meter)	30–60 DM
Bettauflage	25–45 DM
Rutschfeste Gummimatte für die Badewanne	15–25 DM
Stoffwindeln, Moltontuch	5–15 DM
Badezusätze:	
Heublume, Latschenkiefer, Fichtennadel	12–15 DM
Als Tee, je 100 g: Thymian, Rosmarin, Zinnkraut, Weißdorn, Rosskastanie	3–8 DM
Als Öl: Kiefer, Fichte, Wacholder	6–10 DM
Als Extrakt: Weißdorn, 100 ml	25–35 DM
Meersalz	10–15 DM
Mineralsalz Bullrich	15–20 DM
Heilerde	5–10 DM

Die Heilkraft der Pflanzen

Die Heilkraft von Pflanzen und Kräutern ist seit Urzeiten bekannt. Auch bei der Vorbeugung und Behandlung von Durchblutungsstörungen spielen Heilpflanzen eine wichtige Rolle. In diesem Kapitel werden im ersten Teil die verschiedenen Zubereitungen und Anwendungen von Heilpflanzen vorgestellt, wie z. B. Presssaft, Extrakt, Tinktur, Auszug, Tee, Aufguss, Öl und Salben. Im zweiten Teil erfahren Sie, welche Kräuter bei Durchblutungsstörungen helfen. Im Anschluss an die Beschreibung der Heilpflanzen finden Sie Hinweise für ihre Zubereitung und Anwendung.

Es gibt unzählige Heilpflanzen, die uns dabei helfen, die Durchblutung natürlich zu stärken.

Die Pflanze als Ganzes

Flavonoide, Gerb- und Bitterstoffe, Vitamine, Saponine, Harze, Säuren, Spurenelemente und ätherische Öle liegen in unterschiedlichen Mengen in Heilpflanzen vor.

Grundlage für die Verarbeitung der Heilkräuter zu unterschiedlichen Arzneiformen – wie z. B. Tee, Tinkturen, Dragees – sind sowohl frische als auch getrocknete Pflanzen, vollständige Pflanzen oder auch nur Pflanzenteile wie Blätter, Blüten, Stängel oder Wurzeln. Da die einzelnen Pflanzenteile unterschiedliche Wirkstoffe enthalten, hat ein und dieselbe Pflanze oft verschiedene Wirkungen, abhängig davon, woraus sie zubereitet wurde. Bei der Herstellung einer Arzneiform aus einem Heilkraut unterscheidet man zwischen den Haupt- und Nebenwirkstoffen einer Pflanze.

Sammeln und trocknen

Die Heilkraft einer pflanzlichen Arznei hängt entscheidend von Umwelteinflüssen wie Standort, Bodenbeschaffenheit, Licht, Temperatur, Höhenlage, Klima, Witterung und Zeitpunkt der Ernte ab. Blüten sammelt man am besten zu Beginn, Blätter vor

und nach der Blütezeit. Benötigt man die Wurzeln, müssen die Pflanzen zu Frühjahrsbeginn oder im Herbst ausgegraben werden. Die Früchte werden zur Zeit ihrer Reife geerntet.
Wichtig ist auch, wie das Heilkraut getrocknet wird. Die Kräuter werden, wenn nötig gewaschen, dann getrocknet und nach dem Trocknen klein geschnitten. Man unterscheidet zwischen Luft- und Wärmetrocknung. Die Lufttrocknung ist schonender, da das Wasser langsamer entzogen wird als bei der Wärmetrocknung. Ein zu schneller Wasserentzug schädigt die Pflanzenzellen und kann darum die Wirkungsweise beeinträchtigen.
Auch die Art und Dauer der Lagerung beeinflusst die Wirkung der Pflanze. Hinweise zur Aufbewahrung der einzelnen Heilkräuter findet man in Arzneibüchern.

Nicht ausreichend getrocknete Kräuter, Wurzeln und Früchte schimmeln sehr schnell. So können Sie sichergehen, dass die Pflanzenteile trocken sind: Trockene Blätter und Blüten rascheln stark; bei Früchten, Knollen etc. darf an Bruchstellen kein Saft mehr austreten.

Zubereitungsformen der Heilpflanzen

Manche Heilpflanzen kann man ohne weitere Zubereitung frisch verwenden, die meisten jedoch werden in der einen oder der anderen Form zubereitet. Man unterscheidet dabei zwischen inneren und äußerlichen Darreichungsformen.

Der Presssaft

Presssäfte sind wässrige Lösungen und dienen als Grundlage für homöopathische Urtinkturen. Man gewinnt sie aus allen Teilen der zerkleinerten Frischpflanze. Presssäfte wie Tomatensaft, Karottensaft oder Traubensaft können Sie leicht selbst herstellen. Im Reformhaus oder in der Apotheke gibt es sie auch fertig zu kaufen.

Die Aufbewahrung

Bewahren Sie Heilpflanzen dunkel und trocken auf: in braunen Papiertüten, Pappkartons oder dunklen Gläsern mit Korkverschluss, niemals jedoch in Plastik! Blätter und Blüten halten sich etwa ein Jahr, Wurzeln und Rinden zwei Jahre lang.

Zerkleinert können sich die Inhaltsstoffe der frischen Heilpflanzen am besten entfalten. Dazu die Kräuter mit einem scharfen Messer hacken oder in einem Mörser zerreiben. Die harten Teile werden mit einem Hammer zerquetscht.

Das Extrakt

Extraktion bedeutet, dass Inhaltsstoffe aus der Pflanze herausgezogen (lat. extrahere) und eingedickt werden. Das Mittel, das der Pflanze den entsprechenden Wirkstoff entzieht, nennt man Extraktionsflüssigkeit. Meist wird dafür ein Alkohol-Wasser-Gemisch verwendet. Welchen Alkohol man wählt und in welchem Verhältnis zum Wasser man ihn anwendet, hängt von den Pflanzenstoffen ab, die gewonnen werden sollen. Je nachdem, wie viel Extraktionsmittel nach dem Auszug verdampft, entstehen Trocken- oder Flüssigextrakte.

Die Tinktur

Tinkturen als konzentrierter Pflanzenextrakt entstehen, wenn mit einer Wasser-Alkohol-Mischung die chemischen Bestandteile aus der Pflanze herausgezogen und zugleich konserviert werden. Das Verhältnis Wasser zu Alkohol variiert zwischen 1:5 und 1:10. Tinkturen werden als Tropfen verwendet, die man mit etwas Tee einnimmt oder für Umschläge und Einreibungen ins Wasser gibt. Tinkturen kann man auch gut zu Hause herstellen: Dazu benötigen Sie eine Dreiviertelliter- oder Literflasche, 200 bis 250 Gramm frische oder getrocknete Kräuter und hochprozentigen Alkohol.

Ein wirklich originelles Mitbringsel sind Kräuteröle und Tinkturen, die Sie in hübsche Flaschen füllen, mit Geschenkbändern verzieren und mit exakten Anwendungshinweisen ausstatten.

➤ Geben Sie die Kräuter bis zum Ansatz des Flaschenhalses locker in die Flasche hinein. Füllen Sie die Flasche mit 40-prozentigem Alkohol, verschließen Sie sie fest, und lassen Sie sie zehn Tage bei 20 °C lichtgeschützt stehen.

➤ Schütteln Sie die Flasche in dieser Zeit hin und wieder.

➤ Nach zehn Tagen filtern Sie die Flüssigkeit durch ein Sieb und drücken den Kräuterrückstand in einem Tuch oder drei bis vier Lagen festen Küchenpapiers fest aus.

➤ Danach schütten Sie die Tinktur in die Flasche zurück und bewahren sie gut verschlossen im Kühlschrank auf.

Der wässrige Auszug

Der wässrige Auszug gehört zu den ältesten pflanzlichen Darreichungsformen. Man benötigt dafür ein Teil Droge auf neun Teile Wasser. Da er nur begrenzt haltbar ist, wird er nur noch selten hergestellt und angewendet.

Damit sich die ätherischen Öle der Heilpflanzen nicht verflüchtigen, müssen Teeaufgüsse, Auszüge und Abkochungen immer zugedeckt ziehen.

Der Tee

Streng genommen handelt es sich beim Tee ebenfalls um einen wässrigen, heißen oder kalten Auszug. Das Mischungsverhältnis hängt von der jeweiligen Teesorte ab. In der Regel wird der Tee wie folgt zubereitet:

➤ Geben Sie einen gehäuften Teelöffel klein geschnittene, frische oder getrocknete Kräuter in eine Kanne aus Glas, Ton oder Steingut, und übergießen Sie sie mit einem viertel Liter kochendem Wasser.

➤ Wie lange der Tee ziehen muss, hängt von den verwendeten Pflanzenbestandteilen ab: Blüten müssen eine Minute, Blätter drei bis fünf Minuten, Samen und Wurzeln fünf bis zehn Minuten lang ziehen. Getrocknete Kräuter lässt man ein bis zwei Minuten länger ziehen als frische.

➤ Den Aufguss durch ein Sieb abseihen und schluckweise über den Tag verteilt trinken. So wirkt er am besten.

Die Farbe des Tees sagt dabei wenig über seine Wirksamkeit aus; auch ein heller Tee enthält alle wichtigen Wirkstoffe.

Tee aus Wurzeln

Halten Sie sich bei der Zubereitung von Heiltees stets an die angegebenen Dosierungen. Viele Heilpflanzen enthalten Wirkstoffe, die bei Überdosierung schädlich sein können.

Ein Tee aus Wurzeln wird wie folgt zubereitet (die Wurzeln erhalten Sie in der Apotheke):

- Geben Sie zwei Teelöffel klein gehackte oder gemahlene Wurzeln in einen halben Liter Wasser, und lassen Sie die Mischung eine halbe Minute aufkochen.
- Nehmen Sie die Mischung von der Kochstelle, und lassen Sie den Tee drei Minuten lang ziehen. Danach filtern Sie den Tee.
- Verwenden Sie nur Kochtöpfe aus Glas oder Emaille, keine Metalltöpfe aus Aluminium oder nicht rostendem Stahl, da diese beim Kochen giftige Substanzen wie Nickel, Cadmium oder Titan abgeben.

Der Aufguss

Heißes Wasser kann die heilkräftige Wirkung mancher Kräuter zerstören. In diesem Fall macht man einen Kaltauszug. Dazu die Pflanzen in kaltem Wasser über Nacht auslaugen und anschließend kurz erwärmen.

Im streng pharmazeutischen Sinn bedeutet ein Aufguss, dass die zerkleinerten Pflanzenteile mit wenig Wasser durchmischt werden, eine festgesetzte Zeit ruhen und dann mit kochendem Wasser übergossen werden. Das Gemisch wird anschließend fünf Minuten in einem Wasserbad gerührt und nach dem Erkalten durchgefiltert. Umgangssprachlich verwendet man die Bezeichnung Aufguss auch für den zubereiteten Tee, so auch in diesem Buch.

Das Dragee

Ein Dragee ist eine Tablette mit einem gleichmäßigen, meist gefärbten Überzug. Schon um 1900 wurden Dragees mit einem Überzug aus Schokolade, Blattsilber, Blattgold, Gelatine oder Zucker angefertigt. Seither wurde die Herstellung von Dragees immer mehr verfeinert.

Heute produziert man vor allem dünne, zuckerfreie Überzüge. Sie sind häufig magensaftresistent, sodass die wirksamen Bestandteile eines Dragees – seien sie nun chemischer oder pflanzlicher Art – erst im Dünndarm aufgelöst werden und ihre Wirkung entfalten. Dragees sind nicht nur luft- und feuchtigkeitsresistent, sondern auch geschmacks- und geruchsneutral. So

kann auch eine unangenehm schmeckende Arznei ohne Widerwillen eingenommen werden.
Außerdem schützen Dragees die Schleimhäute in Mund, Speiseröhre und Magen vor aggressiven Substanzen im Medikament. Allerdings können bei der Herstellung der Dragees viele Wirkstoffe der Pflanze beeinträchtigt oder sogar verloren gehen.

Getrocknete Kräuter können einzeln oder in Kombination mit anderen Heilpflanzen eingenommen werden. Kräutermischungen sollte man allerdings dem Fachmann überlassen. Nur er weiß, welche Pflanzen miteinander harmonieren.

Die Salbe

Schon im Altertum waren Salben weit verbreitet. Als Körperpflegemittel spielten sie bei den Ägyptern, Griechen und Römern eine wichtige Rolle und waren an Königshöfen und Tempeln wesentlicher Bestandteil von Begrüßungs-, Krönungs- und Weihezeremonien. Grundlagen der Salben waren meist tierische Fette von Rindern und Ziegen oder auch tierisches Knochenmark. Aus dem Mittelalter sind als Trägersubstanzen Bienenwachs und Honig übermittelt. Salbengrundlagen aus Affen-, Hunde-, Schlangen- und sogar Menschenfett oder aus Blut und Kot zeugen von pharmazeutischen Abwegen im Mittelalter und schadeten dem Ansehen und dem Vertrauen in die Wirkung von Salben.
Salben und Cremes werden zwei- bis dreimal täglich aufgetragen zur Behandlung von Hautproblemen, Krampfadern oder wunden, entzündeten Gelenken.
Für die Grundlage kann der Apotheker heute aus vielfältigen Mischungen wie Vaseline, Gel, synthetisch hergestellten Fetten auf pflanzlicher Basis, Wollwachs und Stearate wählen. Die Trägersubstanzen müssen vielfältigen Anforderungen genügen.
Da sie eine Eigenwirkung besitzen, ist die Auswahl der richtigen Trägersubstanz maßgeblich am Erfolg einer Salbenbehandlung beteiligt. Bei ihrer Zusammensetzung muss berücksichtigt werden, ob sie auf kranke oder gesunde Haut, auf trockene oder feuchte Haut, auf Haut mit chronischer oder akuter Verletzung, auf Schleimhaut oder auf behaarte Haut aufgetragen werden. Sie müssen mit dem Heilkraut harmonieren, gut in die Haut einziehen, haltbar sein und dürfen die Atmung der Haut nicht behindern.

Salben selber zubereiten

Für die Zubereitung zu Hause bietet sich Gänseschmalz als Trägersubstanz an. Es ist im Vergleich zum Schweineschmalz geruchsarm und kühlt nach dem Erhitzen und Durchseihen der Kräuter zu einer cremigen Masse ab.

➤ Erhitzen Sie 250 Gramm Gänseschmalz in einem Topf. Sobald es geschmolzen ist, geben Sie zwei Hände voll klein geschnittene Kräuter in das Fett und rühren mit einem Holzlöffel um.

➤ Sobald das Fett Bläschen bildet, schäumt und zu wallen beginnt, nehmen Sie den Topf von der Herdplatte, decken ihn zu und stellen die Mischung über Nacht kühl.

➤ Am nächsten Tag erwärmen Sie das Kräuter-Fett-Gemisch noch einmal und filtern es durch ein Sieb in ein verschließbares Gefäß aus Glas oder Kunststoff.

Coldcream Naturel

Damit die heilenden Wirkstoffe von einer Pflanze in Öl übergehen, muss die Mischung zwei Wochen lang in einer Flasche an einem warmen Ort ziehen. Danach abfiltern und das Kräuteröl in einer dunklen Flasche kühl aufbewahren.

Eine gute Trägersubstanz ist auch Coldcream Naturel (Apotheke), die Sie nach langsamem Erhitzen im Kühlschrank abkühlen lassen müssen, damit sie wieder zu einer cremig-festen Masse wird.

➤ Erwärmen Sie 100 Gramm Coldcream Naturel, aber lassen Sie sie nicht sieden, da sich die Coldcream sonst verflüchtigt.

➤ Vermischen Sie die flüssige Masse mit einer Hand voll Kräutern, rühren Sie alles um, und lassen Sie die Masse über Nacht erkalten.

➤ Am nächsten Tag erwärmen Sie die Masse erneut, seihen sie durch ein Sieb und lassen sie im Kühlschrank mehrere Stunden erkalten.

Kräuteröl

Kräuteröle kann man ganz leicht selber herstellen:

➤ Füllen Sie eine Dreiviertelliter- oder Literflasche bis zum Ansatz des Flaschenhalses locker mit Kräutern, und geben Sie so viel kaltgepresstes Oliven- oder Weizenkeimöl dazu, dass das Öl zwei Fingerbreit über den Kräutern steht.

Tee ist ein beliebter Begleiter bei der Behandlung von Durchblutungsstörungen.

- Lassen Sie die Flasche zwei Wochen an einem warmen Ort ruhig stehen, z. B. in einem gut temperierten Wohnraum, an der Heizung oder in der Nähe der Kochstelle.
- Filtern Sie die Mischung vor Gebrauch durch ein Sieb.

Die Anwendung

Richtig angewandt sind Heilpflanzen sanft, sicher und verlässlich. Wichtig ist allerdings, dass sie regelmäßig eingenommen werden – sei es nun ständig oder nur für einen begrenzten Zeitraum zur Heilung oder kurweise. Die gebräuchlichsten Darreichungsformen zur Linderung von Durchblutungsstörungen sind Tees und Tinkturen.

Beim Tee hängt die Dosierung von der Dauer der Anwendung ab: Man unterscheidet die vorbeugende Anwendung, die Behandlung akuter Beschwerden und die kurweise Behandlung.

Der Tee

Vorbeugend kann eine Tasse Tee täglich getrunken werden (Ausnahmen sind Arnika oder Wacholder). Zwei Tassen können über einen längeren Zeitraum (drei bis sechs Monate) zur Linderung von Beschwerden eingesetzt werden, für die kurweise Behandlung empfehlen sich drei Tassen Tee täglich über einen Zeitraum von vier bis sechs Wochen. Wechseln Sie zwischen den Teesorten,

Aufguss oder Abkochung?

Tees können entweder als Aufguss (Infusion) oder als Abkochung (Dekokt) zubereitet werden. Die zarten oberirdischen Pflanzenteile, also Blätter, Stängel und Blüten, ziehen einige Minuten lang im heißen Wasser (Infusion), während die eher holzigen Teile, etwa Rinden und Wurzeln, aber auch Samen fünf bis zehn Minuten auf kleiner Flamme köcheln sollen.

und stellen Sie sich, nachdem Sie die verschiedenen Tees ausprobiert haben und wissen, welcher bei Ihnen am besten wirkt, Ihre eigene Teemischung zusammen.

➤ Richten Sie sich nach folgendem Grundrezept: einen gehäuften Teelöffel Kräuter mit einem viertel Liter kochendem Wasser überbrühen, den Aufguss zwei Minuten (auch länger, wenn angegeben) ziehen lassen und den Tee vor dem Trinken filtern.

Die Tinktur

Eine Tinktur entsteht, wenn mit einer Wasser-Alkohol-Mischung die chemischen Bestandteile aus der Pflanze herausgezogen werden und dabei konserviert werden. Die Haltbarkeit einer Tinktur beträgt in der Regel zwei Jahre.

Selbst zubereitete Tinkturen können Sie innerlich als Tropfen oder äußerlich bei Waschungen, Umschlägen und Wickeln anwenden. Zur täglichen Vorbeugung nehmen Sie fünf Tropfen der Tinktur zweimal täglich in etwas Flüssigkeit ein, als Behandlung dreimal täglich fünf Tropfen. Über kurze Zeit können Sie täglich bis zu dreimal zehn Tropfen nehmen. Vorsicht: Bei Arnika nur nach Vorschrift dosieren!

➤ Für eine Auflage oder einen Wickel gilt im Allgemeinen: zwei bis drei Esslöffel Tinktur auf einen halben Liter Wasser.

Heilpflanzen zur Selbsthilfe

Angelikawurzel, Engelwurz (Angelica archangelica)

Einer alten Sage nach soll die Angelikawurzel den Menschen von einem Engel gezeigt worden sein. Mit drei Metern Höhe ist sie eine besonders große Pflanze. Sie lebt zwei bis vier Jahre und blüht nur einmal, kurz bevor sie abstirbt. Ihr Stängel ist am Boden armdick, die hellgrünen Blätter können bis zu knapp einem Meter lang werden. Die Pflanze ist hauptsächlich in Skandinavien und in Island beheimatet, in Deutschland wächst sie vor allem in den Küstengebieten der Nord- und Ostsee sowie landeinwärts.

Geruch und Geschmack der üppigen mannshohen Angelikawurzel sind moschusartig. Die Staude ist leicht mit der Wald-Engelwurz zu verwechseln, die ihr sehr ähnlich ist.

Heilanzeigen: Die Angelikawurzel wirkt krampflösend, magenstärkend und appetitanregend und kann auch bei Leber-Galle-Erkrankungen, Hämorriden und chronischer Bronchitis eingesetzt werden. Sie wirkt anregend bei geistiger und körperlicher Erschöpfung. Gering dosiert, beruhigt sie auch bei nervösen Herzbeschwerden.

Bei Überdosierung kann die Angelikawurzel Herzstörungen herbeiführen. Deshalb nicht mehr als eine Tasse Tee (ein Teelöffel auf einen viertel Liter Wasser) über den Tag verteilt trinken.

Aufguss: Sehr wirksam ist die Angelikawurzel auch als Einreibung, Auflage oder Wickel auf Magen, Darm, Leber und Lunge. Dafür einen Aufguss aus zwei Teelöffeln Teemischung auf einen viertel Liter Wasser zubereiten.

Tinktur: Statt des Aufgusses können Sie auch zwei bis drei Esslöffel der Tinktur auf einen halben Liter Wasser verwenden.

Öl: Für den Herzbereich empfiehlt sich die Zubereitung eines Massageöls aus zehn Milliliter kaltgepresstem Öl und drei Tropfen Angelikawurzel, das Sie vorsichtig in Ihre Brust einmassieren.

Besonders wirksam ist die Arnika bei Verletzungen des Bewegungsapparates.

Arnika (Arnica montana)

Die auch als Bergwohlverleih bekannte Pflanze wächst auf trockenen Waldwiesen, im Gebirge und in Heidelandschaften. Sie bevorzugt humusreichen, kalkarmen Boden und wird zwischen 20 und 50 Zentimeter hoch. Ihr Stängel ist behaart und trägt zwei bis drei Blattpaare, die dicht am Boden anliegen. Die bräunlich gelben, zungenartigen Blüten sind zweireihig um den Stängel angeordnet. Die Arnika steht unter Naturschutz. Sie gehört zu den Kräutern, die von den Tieren auf der Weide gemieden werden.

Die Wirkung von Arnika ist seit jeher bekannt. So wird von Goethe berichtet, er habe im Alter regelmäßig Arnikatee getrunken, wenn er an Herzschmerzen litt.

Heilanzeigen: Arnika wirkt lindernd bei Verletzungen des Bewegungsapparates wie Blutergüssen, Quetschungen, Prellungen, Verstauchungen und Zerrungen.

Tinktur: In diesen Fällen sind Einreibungen mit einer Tinktur (im Verhältnis ein Teil Arnika auf neun Teile Wasser, entspricht etwa zwei Esslöffeln Arnikatinktur auf einen viertel Liter Wasser), Salben, Auflagen und Wickel empfehlenswert.

Auch zur äußeren Behandlung von müden und beanspruchten Beinen können Sie Arnika als Salbe, Auflage und Wickel einsetzen. Innerlich, als Tee oder Tropfen angewandt, regt Arnika den Kreislauf an und fördert die Durchblutung des Herzmuskels.

Tee: Vorsicht ist bei der inneren Anwendung als Tee geboten; Personen, die allergisch auf Chrysanthemen, Dahlien, Rainfarn und Schafgarbe reagieren, sollten die Pflanze besser meiden.

Arnika kann die Schleimhäute von Mund, Speiseröhre und Magen reizen. Zu hoch dosiert kann sie Übelkeit, Aufstoßen, Herzklopfen, Angst- und Schwindelgefühl hervorrufen. Deshalb nicht mehr als eine Tasse Tee täglich kurweise vier Wochen lang trinken, unter Umständen mit Honig süßen, denn der Teegeschmack ist sehr herb. Im Zweifelsfall sollten Sie Rücksprache mit Ihrem Arzt oder Heilpraktiker halten.

Arnikatee wirkt erweiternd auf die Blutgefäße und kann kreislauffördernd die Pumpleistung des Herzens und die Durchblutung der Herzkranzarterien steigern.

Bärlapp (Lycopodium clavatum)

Der Bärlapp hat seinen Namen aufgrund seiner dicht beblätterten Zweige, die an einen behaarten Tierfuß erinnern. Er wächst bevorzugt in trockenen, schattigen Nadelwäldern und Heiden. Da er sich auf dem Waldboden dahin schlängelt, wird er im Volksmund auch Schlangenmoos genannt. Die langen Ranken haben nur spärliche Wurzeln. In Deutschland steht die Pflanze unter Naturschutz.

Verstopfung und hoher Blutdruck sind nur zwei Beschwerden, bei denen sich Bärlapp bewährt hat.

Heilanzeigen: Bärlapp ist ein bewährtes Mittel bei durchblutungsbedingter Verstopfung, Hämorriden, Atemnot, hohem Blutdruck und Wadenkrämpfen. Die Pflanze wirkt auch bei Rheuma, beeinflusst die Harn- und Geschlechtsorgane und unterstützt die Regeneration der Leber.

Aufguss: Für einen Aufguss überbrüht man einen gestrichenen Teelöffel mit einem viertel Liter kochendem Wasser; täglich zwei Tassen des erdig schmeckenden Tees morgens nüchtern vor dem Frühstück trinken.

Tinktur: Sehr wirksam ist der Bärlapp auch als Umschlag für die Beine und zur Waschung von Bauchbereich und Beinen. Dafür bereiten Sie wie oben angegeben eine Tinktur zu.

Bärlauch (Allium ursinum)

Bärlauch liebt schattige, kühle und feuchte Plätze. Er gedeiht auf humusreichen Wiesen, unter Büschen und in feuchten Gebirgswäldern. Der Bärlauch, aufgrund seines Knoblauchgeruchs im Volksmund als Wilder Knoblauch bezeichnet, erhielt seinen Namen von einer Legende. Nach dieser Legende suchen Bären nach dem Winterschlaf im April und Mai das Kraut, um sich innerlich zu reinigen und neu zu beleben. Entsprechend gilt Bärlauch als hervorragendes Entschlackungs- und Entgiftungsmittel.

Heilanzeigen: Bärlauch wird gerne bei chronischen Hauterkrankungen eingesetzt, die durch eine Überlastung des Körpers mit Giftstoffen hervorgerufen wurden. Neben seiner entgiftenden Eigenschaft beugt Bärlauch der Arteriosklerose vor, er wirkt regu-

Die frischen Blätter des Bärlauchs werden mit heißem Wasser übergossen. Keinesfalls darf der Tee gekocht werden, weil sich sonst die ätherischen Öle verflüchtigen.

lierend bei hohem Blutdruck, Schwindel- und Engegefühl sowie Atemnot, Herzstörungen, Durchblutungsstörungen der Herzkranzgefäße und Schlaflosigkeit. Er kann auch bei Blähungen, Durchfall und Verstopfung eingesetzt werden.

Tee und Tinktur: Eingesetzt wird er vor allem als Tee und Tinktur zur inneren Anwendung. Aber auch als Auflage hat er sich bewährt. Täglich zwei Tassen Tee trinken oder einmal am Tag sieben Tropfen der Tinktur in etwas Wasser einnehmen.

Beinwurz oder Beinwell (Symphytum officinale)

Das Heilkraut wächst bevorzugt an feuchten Böschungen und Gräben und wird bis zu einem Meter hoch. Die Wurzeln sitzen fest in der Erde und lassen sich nur schwer lösen. Der Stängel und die spitzen Blätter des Beinwells sind behaart.

In der Naturheilkunde findet heute hauptsächlich die außen kohlschwarze und innen lilienweiße Wurzel des Beinwell Verwendung.

Heilanzeigen: Zur heilkundlichen Anwendung bei Durchblutungsstörungen in den Beinen, bei Krampfadern sowie Muskel- und Nackenverspannungen eignen sich vor allem warme Auflagen aus den Wurzeln.

Brei: Dafür besorgen Sie sich in der Apotheke 100 Gramm fein gemahlene Beinwell-Wurzeln, rühren zwei Esslöffel davon mit einem Esslöffel heißem Wasser an und geben einen Teelöffel Pflanzenöl dazu. Die Masse dünn auf einem Leinentuch verstreichen und eine Auflage oder einen Wickel bereiten. Der Brei muss schnell zubereitet werden, damit er nicht zu viel Hitze verlieren kann. Um die Wärme der Auflage oder des Wickels länger zu halten, können Sie ein Kirschkernsäckchen auf die Auflage legen, das Sie zuvor 15 Minuten lang im Backofen bei 150 °C erhitzt haben. Nach 10 bis 15 Minuten, wenn die Wärme vollkommen entwichen ist, nehmen Sie die Auflage ab und waschen Ihr Bein.

Tinktur und Salbe: Für die äußerliche Anwendung können Sie auch eine Tinktur oder Salbe aus den geriebenen Wurzeln des Beinwurz herstellen.

Tee: Zur Unterstützung Ihrer Durchblutung können Sie sich täglich auch einen Tee zubereiten und zwei Tassen des Tees trinken.

Brennnessel (Urtica dioica)

Die große Brennnessel wird bis zu eineinhalb Meter hoch und gehört zu den bedeutendsten Heilkräutern. Als Blut bildende und blutreinigende Pflanze wird sie seit alters her bei Kuren eingesetzt. Besonders im Rahmen von Frühjahrskuren, die sich zum Ziel setzen, den Körper von Giftstoffen zu reinigen, macht man sich die entschlackenden Eigenschaften des Brennnesselkrauts zunutze.

Heilanzeigen: Die Brennnessel senkt den Blutzuckergehalt, hat einen hohen Vitamin-C-Gehalt und wirkt harntreibend auf Blase und Nieren.

Wer täglich eine Tasse Brennnesseltee trinkt, pflegt seine Milz, Leber und Galle und beugt Erkrankungen durch Viren und Bakterien vor. Regelmäßig als Tee (bis zu drei Tassen täglich) und Einreibung angewandt, verbessert die Brennnessel dauerhaft Hautunreinheiten.

Aufguss: Dafür überbrühen Sie zwei Teelöffel der Droge mit einem achtel Liter kochendem Wasser und lassen den Aufguss 10 bis 15 Minuten ziehen.

Tinktur: Bewährt hat sich auch die Brennnessel-Tinktur (in der Apotheke erhältlich); davon zweimal täglich zehn Tropfen sechs Wochen lang kurweise einnehmen. Als Tinktur Ihrem Fußbad zugegeben, sorgt die Brennnessel für eine bessere Durchblutung Ihrer Beine und Füße. Sogar bei Gefäßverengungen wie dem so genannten Raucherbein kann sie Linderung verschaffen.

Statt der Tinktur können Sie für Ihr Fußbad auch einen Aufguss aus sechs Esslöffeln der Droge auf einen Liter Wasser zubereiten. Fügen Sie warmes Wasser hinzu, bis Ihre Füße gut bedeckt sind, und baden Sie sie 10 bis 15 Minuten darin. Noch stärker wirkt die Droge, wenn Sie die Brennnesseln über Nacht in kaltem Wasser ansetzen. In diesem Fall muss die Mischung, bevor Sie Ihr Fußbad nehmen, kurz erwärmt werden.

Durchblutungsbedingte Krämpfe lassen sich durch Einreibungen, Auflagen oder Umschläge beheben.

Man unterscheidet zwei Brennnesselarten: Urtica dioica und Urtica urens. Urtica urens ist die kleinere und zartere, aber auch die aggressivere der beiden Brennnesselarten. Verwendet werden beide.

Ginseng (Araliaceae)

Ginseng hat allgemein anregende (tonisierende) Eigenschaften. Er unterstützt die Bildung roter Blutkörperchen und den Aufbau von Körpereiweiß und verbessert die Hirnleistung (Merk- und Konzentrationsfähigkeit).

Die Pflanze wächst in Korea, China und Japan sowie in weiten Teilen Russlands und Sibiriens. Als Heilmittel werden vor allem die fünf bis sieben Zentimeter langen, möhrenartig-knolligen Wurzeln verwendet, die in eine einzige dicke Wurzel auslaufen. In China, Japan und ihrem Ursprungsland Korea genießt die Pflanze höchstes Ansehen. Der Sage nach schenkte der allmächtige Berggeist der Menschheit einen Wunderknaben in Form der Ginsengwurzel, die in ihrem Aussehen einem Menschen ähnelt. Seit alters her werden ihr verjüngende und lebensverlängernde Eigenschaften zugeschrieben. In China galt es noch bis zum letzten Kaiser als höchste Ehre, wenn der Kaiser eine Ginsengwurzel überreichte.

Heilanzeigen: Die Wirkung des Ginsengs reicht über Entgiftung, Steigerung der Körperabwehr, Entkrampfung der Organe und Gefäße, Beruhigung der Nerven und Normalisierung erhöhter Blutzucker- und Blutfettwerte bis zur Regulierung von hohem und niedrigem Blutdruck und Vorbeugung von Arteriosklerose. Des weiteren wird die Gehirndurchblutung verbessert, was sich in einer gesteigerten Konzentrationsfähigkeit gerade bei älteren Menschen bemerkbar macht. Ginseng fördert vor allem die mitt-

Die aus Asien stammende Ginsengpflanze besitzt vielfältige Wirkungen. Viele davon betreffen den Blutkreislauf.

leren und kleineren Arterien und damit die Fließgeschwindigkeit des Blutes.
Aufguss: Ein bewährtes Mittel ist ein Aufguss aus gemahlenen Ginsengwurzeln. Kapseln und Tropfen sind in Apotheken erhältlich. Halten Sie sich dabei immer an die Einnahmevorschriften des Herstellers.

Hamamelis (Hamamelis virginiana)

Hamamelis ist ein bis zu sieben Meter hoher Strauch, der im östlichen Nordamerika vorkommt und erst Ende des 18. Jahrhunderts in Europa eingeführt wurde. Er wächst als Unterholz in Mischwäldern. Schon die Indianer verwandten die abgekochte Rinde und die Blätter des Strauches gegen Entzündungen und innere Blutungen.

Die ursprünglich aus Nordamerika stammende Hamamelis sieht unserem Haselnussstrauch sehr ähnlich und blüht wie dieser im Spätwinter.

Heilanzeigen: Hamamelis wird mit gutem Erfolg bei Krampfadern und Krampfadergeschwüren, bei Hämorriden, Venenleiden und Hauterkrankungen wie Ekzemen und Schuppenflechte eingesetzt. Aus der Droge lassen sich Tee, Tinktur und Salbe herstellen. Hamamelis-Salben sind auch in Reformhäusern und Apotheken erhältlich.
Tee: Der Tee wird aus einem Teelöffel der Kräutermischung und einem viertel Liter heißem Wasser zubereitet. Täglich zwei Tassen langsam trinken.
Tinktur: Dreimal täglich zehn Tropfen Tinktur in etwas Flüssigkeit einnehmen.

Hirtentäschel (Capsella bursa-pastoris)

Das Hirtentäschel wird ebenso wie die Brennnessel als Unkraut angesehen und nur wenig beachtet. Es ist anspruchslos, was die Bodenbeschaffenheit anbelangt, und wächst auf Wiesen und Feldern, am Wegesrand und auf Böschungen. Die Pflanze erreicht eine Höhe von etwa einem halben Meter und blüht vom Frühling bis zum Herbst. Nach dem Winterfrost sprießt es als eines der ersten Kräuter wieder aus der Erde. Die grünen Blätter des Hirtentäschel ähneln denen der Brennnessel: Sie sind unregelmäßig gezackt und umgeben wie eine Rosette den Stielansatz. Aufgrund der herzförmigen Frucht hat der Volksmund dem Hirtentäschel auch den Namen Herzkraut gegeben.

Heilanzeigen: Das Hirtentäschel wendet man vor allem bei Erkrankungen an, die sich auf die Erschlaffung oder den Schwund von Muskulatur zurückführen lassen. Es hilft auch bei Blutungen unterschiedlichster Art und ist ein bewährtes Mittel bei Menstruationsproblemen, wie zu starken oder unregelmäßigen Blutungen. Zudem wirkt es regulierend bei hohem und niedrigem Blutdruck und hilft somit auch bei Durchblutungsstörungen.

Tee: Bereiten Sie sich jeden Tag zwei Tassen des leicht erdig schmeckenden Krautes zu.

Huflattich (Tussilago farfara)

Bei geschwollenen Füßen wird empfohlen, abends grüne Huflattichblätter aufzulegen oder mit einem Huflattichaufguss ein heilsames Fußbad zu nehmen.

Huflattich ist ein Heilgewächs, das feuchten und steinigen Boden bevorzugt und in Flussauen, an Seen und Böschungen wächst. Es wird 20 Zentimeter hoch. Die Stängel sind geschuppt und tragen im Frühling gelbe Blüten. Die hufeisenförmigen Blätter entspringen erst, wenn die Blüten verblüht sind. Sie enthalten viel Vitamin C und eignen sich gut zum Verzehr als Salat.

Heilanzeigen: Seine größte Wirkung entfaltet der Huflattich bei Erkrankungen des Atemtrakts und der Lungen. Er hilft aber auch bei geschwollenen Füßen und Venenentzündungen. Bei geschwollenen Füßen empfiehlt sich ein Fußbad aus Huflattich, bei schmerzenden Venen sorgen kühlende Einreibungen, Auflagen oder Wickel für Linderung.

Aufguss: Einen Aufguss für Auflagen und Wickel bereiten Sie wie folgt vor: Kochen Sie zwei Esslöffel Kräuter mit einem viertel Liter Wasser, und lassen Sie diese Mischung abkühlen.

Tinktur: Für Auflagen drei Esslöffel Tinktur auf einen halben Liter Wasser geben. Für die innerliche Anwendung dreimal täglich fünf Tropfen in etwas Wasser einnehmen.

Tee: Einen Teelöffel Huflattichblätter mit einem viertel Liter kochendem Wasser übergießen. 15 Minuten ziehen lassen und abfiltern. Täglich zwei bis drei Tassen davon trinken.

Johanniskraut (Hypericum perforatum)

Johanniskraut ist in ganz Europa bis weit nach Russland verbreitet, mit Ausnahme der Hochalpen. Es wächst bevorzugt an trockenen, sonnigen Hügeln, an Wiesen, Wegen und Heiden und ist eine sehr langlebige und zähe Pflanze, die bis zu einem Meter hoch werden kann. Ihr Stängel steht aufrecht, ist im oberen Teil verzweigt und trägt gegenständige schmale, fein gelöcherte Blätter und an den äußeren Zweigen gelbe Blüten. Zerdrückt man sie, tritt ein roter Saft aus.

Das Johanniskraut verdankt seinen Namen einer Legende. Nach ihr entstand es dort, wo das Blut des enthaupteten Johannes des Täufers die Erde tränkte. Einer weiteren Legende zufolge durchstach der Teufel aus Furcht vor der Macht dieser Pflanze die Blätter mit zahlreichen Stichen, um sie zu zerstören – doch erfolglos. Und so spielte die Heilpflanze im Volksglauben eine große Rolle als Mittel gegen die Zauberei. In der Vergangenheit setzte man das Johanniskraut zur Stärkung von Herz, Leber und Nieren und als Wurmmittel ein.

Als Zauberkraut diente Johanniskraut im Mittelalter gegen Geister, Gespenster, Blitz und Donner.

Heilanzeigen: Heute schätzt man es vor allem aufgrund seiner beruhigenden und schmerzstillenden Wirkung auf die Nerven. Darüber hinaus hilft es bei unfall- und sturzbedingten Verletzungen wie Verrenkungen oder Verstauchungen, bei Gelenk- und Rückenschmerzen, Hexenschuss, rheumatischen Leiden und psychischer Anspannung. Johanniskraut schwächt die Reizweiterleitung von Schmerzen an das Gehirn und hat über seine beruhigende Wirkung auf die Nerven auch Einfluss auf die Herztätigkeit. Depressive Gemütszustände werden vom Johanniskraut positiv beeinflusst. Es fördert die Durchblutung und hilft bei geschwollenen Lymphdrüsen.

Tee: Die Behandlung erfolgt kurmäßig vier bis sechs Wochen lang. In dieser Zeit trinken Sie täglich ein bis zwei Tassen Tee. Dazu überbrühen Sie einen Teelöffel der Teemischung mit einem achtel Liter kochendem Wasser und lassen sie unter gelegentlichem Umrühren 15 Minuten bedeckt stehen.

Johanniskraut durfte in manchen Gegenden nur in der Geisterstunde nach dem Johannistag geerntet werden, da es angeblich um Schlag ein Uhr alle Heilkräfte verlor.

Auszug: Johanniskraut eignet sich ebenfalls zur Herstellung eines weinhaltigen Auszugs: sechs gehäufte Esslöffel getrocknetes Johanniskraut in eine Dreiviertel-Liter-Flasche geben und mit einem Dessertwein auffüllen. Verschließen Sie die Flasche, und lassen Sie sie eine Woche lang unter häufigem Schütteln (zwei- bis dreimal täglich) stehen. Danach seihen Sie den Auszug ab, von dem Sie kurmäßig bis zu dreimal täglich ein Likörglas nach dem Essen trinken.

Während einer Johanniskraut-Kur sollten Sie keine Sonnenbäder nehmen, Höhensonne meiden sowie lange Aufenthalte im Freien, da es zu allergischen Hautreizungen kommen könnte.

Öl und Tinktur: Bei Krampfadern empfiehlt sich die Verwendung als Öl; bewährt haben sich auch Wickel, die in eine Tinktur getränkt werden (zwei Esslöffel Tinktur auf einen viertel Liter Wasser). Johanniskrautöl ist auch in der Apotheke erhältlich.

Kalmus (Acorus calamus)

Seit alters her wird die Kalmuswurzel als Blutreinigungsmittel, zur Anregung der Verdauung und der Menstruation und das Öl zur Stärkung des Gedächtnisses empfohlen.

Weniger bekannt als durchblutungsförderndes Heilmittel ist die Wasserpflanze Kalmus, die vorwiegend am Rand stiller Gewässer, an Teichen und Sümpfen, manchmal auch an Flussufern, wächst. Sie hat schwertartige Blätter, die senkrecht aus den Wurzeln emporwachsen und bis zu einem Meter hoch werden.

Heilanzeigen: Der Auszug aus den getrockneten und gemahlenen Wurzeln kann als Tee zubereitet werden und hilft bei durchblutungsbedingter Magen- und Darmträgheit.

Aufguss: Bei kalten Händen oder kalten Füßen hilft ein heißes Kalmushand- oder -fußbad. Hierfür weicht man zwei gehäufte Esslöffel der getrockneten und zermahlenen Wurzeln über Nacht in einem Liter kaltem Wasser ein, kocht das Wasser, lässt den Aufguss fünf Minuten ziehen und seiht das Wasser in eine Schüssel ab. Füllen Sie den Aufguss so weit mit warmem Wasser auf, bis Hände und Arme (bzw. Füße) gut bedeckt sind.

Tee: Einen Esslöffel der Wurzel in einem halben Liter kalten Wasser über Nacht ziehen lassen und kalt oder angewärmt trinken. Täglich zwei Tassen des erfrischenden Tees trinken.

Tinktur: Dreimal täglich 10 bis 15 Tropfen Tinktur in etwas Flüssigkeit einnehmen.

Knoblauch (Allium sativum)

Die Knoblauchpflanze stammt aus dem vorder- und südasiatischen Raum sowie dem Mittelmeergebiet und wird als Küchengewächs inzwischen auf der ganzen Welt kultiviert. Das Zwiebelgewächs besteht aus einer länglich eiförmigen Hauptzwiebel und zahlreichen Nebenzwiebeln. Der runde Stängel der Pflanze ist dick wie ein Federkiel und entspringt aus dieser Zwiebel, die (reif) von so genannten Brutzwiebeln, den essbaren Knoblauchzehen umgeben ist. Der Stängel wird bis zu einen Meter hoch.
Knoblauch spielte schon im Altertum eine bedeutende Rolle. So berichtet der griechische Geschichtsschreiber Herodot, dass beim Bau der Cheops-Pyramide für Zwiebel, Rettich und Knoblauch zur Verköstigung der Arbeiter 1600 Silbertalente (Millionen von Mark) ausgegeben wurden.
Auch die Römer kannten den Knoblauch, und in Indien gilt er als Schutz vor Tuberkulose.
Heilanzeigen: Knoblauch stärkt das Immunsystem und unterstützt die körpereigene Abwehr bei bakteriellen Infektionen,

Der Knoblauch sollte vor allem als vorbeugendes Mittel gegen die Folgen der Arteriosklerose genommen werden. Dabei geht das Bundesgesundheitsamt von einer mittleren Tagesdosis von vier Gramm aus.

Das Wirkungsspektrum des Knoblauchs ist groß: Es reicht von der Stärkung des Immunsystems bis hin zur Vorbeugung von Arteriosklerose.

besonders der Atemwege und des Magen-Darm-Trakts. Er hilft gegen Würmer im Darm und beeinflusst den Stuhlgang. Knoblauch reguliert den Blutzuckerspiegel, wirkt ausgleichend auf den Blutdruck und beugt Arteriosklerose vor.
Es gibt zahlreiche Knoblauchprodukte in Kapselform auf dem Markt. Zur Vorbeugung empfiehlt sich die tägliche Einnahme von ein bis zwei Kapseln oder zehn Tropfen Tinktur, die Sie in der Apotheke erhalten. Sie können sich aber auch angewöhnen, Ihre Speisen mit Knoblauch zu würzen. Vom Knoblauchsaft können Sie täglich drei Teelöffel zu sich nehmen.
Tee: Einen Tee zur Durchblutungsförderung und Steigerung der Abwehr bereiten Sie aus 20 Gramm Weißdornblüten, 20 Gramm Mistelstängel, 20 Gramm Schachtelhalmkraut, 20 Gramm gemahlenen Knoblauchzehen sowie 20 Gramm Brennnessel. Kochen Sie den Tee (ein Teelöffel auf einen viertel Liter Wasser) 15 Minuten, und lassen Sie ihn anschließend fünf Minuten ziehen. Über den Tag verteilt zwei bis drei Tassen der Mischung trinken.

Der Mistel werden seit alters her Zauberkräfte zugesprochen – so soll sie, im Haus aufgehängt, böse Geister vertreiben. Auch den Druiden der Gallier war die Mistel heilig.

Mistel (Viscum album)

Die Mistel ist ein schmarotzender Strauch, der sich mit seinen Saugwurzeln an Laub- und Nadelbäumen festrankt. Ihre Blätter sind immergrün, sodass man sie besonders im Winter in der Krone der kahlen Bäume gut erkennt. Zwischen den Blättern des Strauches blühen zu Beginn des Frühjahrs gelbgrüne Blüten.
Die Mistel wurde bei den Kelten als heilige Pflanze verehrt. In England hat sich bis heute der Brauch erhalten, an Weihnachten einen Mistelzweig in der Wohnung aufzuhängen.

Heilanzeigen: Die Mistel wirkt entkrampfend und blutstillend, auch bei Blutungen der inneren Organe. Sie fördert den Stoffwechsel, indem sie auf den Drüsen- und Hormonhaushalt Einfluss nimmt. Bei der Behandlung von Krebserkrankungen als Mittel zur Stärkung des Immunsystems hat die Mistel große Bedeutung erlangt. Sie zählt zu den wirksamsten Herz-Kreislaufmitteln und ist deshalb bei der Behandlung von Durchblutungs-

störungen unerlässlich. Hoher Blutdruck wird gesenkt und niedriger erhöht, Blutandrang zum Kopf, Schwindel und Tinnitus werden günstig beeinflusst. Mistelanwendungen beugen zudem Herzschäden und Arteriosklerose vor.
Tee: Den Misteltee bereiten Sie zu, indem Sie einen Teelöffel mit einem achtel Liter kochendem Wasser überbrühen und 20 Minuten ziehen lassen. Kalt angesetzt ist die Wirkung noch stärker: drei Teelöffel mit einem Viertelliter Wasser über Nacht ansetzen, morgens anwärmen und abseihen. Der Geschmack von Misteltee erinnert an eine Zwiebel.
Zur Steigerung der körpereigenen Abwehrkräfte empfiehlt sich folgende Mischung: 25 Gramm Mistelkraut, 25 Gramm Weißdornblüte, 25 Gramm Weißdornblatt, 25 Gramm Melisse. Einen Teelöffel der Mischung mit einem viertel Liter Wasser überbrühen, drei Minuten ziehen lassen. Davon täglich zwei Tassen trinken.
Tinktur: Von der Tinktur (Apotheke) zur Vorbeugung täglich fünf Tropfen in etwas Flüssigkeit einnehmen.

Ringelblume (Calendula officinalis)

Ursprünglich aus den Ländern des Mittelmeers und dem Orient stammend, wird die Ringelblume heute in ganz Europa kultiviert. Sie gehört zur Familie der Korbblütler und wird 50 Zentimeter hoch. Der Stängel verästelt sich und ist mit länglichen, behaarten Blättern besetzt.
Heilanzeigen: Die Ringelblume enthält viele wundheilende Substanzen, die sich bei Verletzungen, Prellungen, Verstauchungen, offenen Wunden und Hauterkrankungen günstig auswirken. Deshalb wird sie überwiegend äußerlich angewandt. Zur Behandlung von Krampfadern und Venenleiden sind Salben und Umschläge hoch wirksam. Als Tee zubereitet hilft die Ringelblume bei Erkrankungen des Magen-Darm-Trakts sowie bei viralen und bakteriellen Infekten.
Tee: Geben Sie einen Teelöffel auf einen viertel Liter Wasser, den Aufguss zehn Minuten ziehen lassen. Der Tee schmeckt säuerlich, daher mit ein wenig Honig oder Traubenzucker süßen.

Da die Blüten der Ringelblume auch getrocknet noch schön orangefarben leuchten, dienen Ringelblumenblüten häufig als so genannte Schmuckdroge in Teemischungen. Früher hat man mit Ringelblumen den viel teureren Safran verfälscht.

Tinktur: Für Auflagen und Wickel geben Sie zwei gehäufte Esslöffel der Teemischung oder zwei Esslöffel der Tinktur auf einen halben Liter Wasser und tränken darin das Tuch für die Auflage. Tee und Tinktur können Sie gut selbst herstellen, Öle und Salben kaufen Sie am besten in der Apotheke.

Rosmarin (Rosmarinus officinalis)

Schwangere und stillende Mütter sollten auf Rosmarinzubereitungen verzichten, da eine Giftwirkung auf das Kind nicht ausgeschlossen werden kann.

Da Rosmarin schon im Kapitel über die ätherischen Öle besprochen wurde (→ Seite 26), sei hier nur kurz seine Anwendungsweise ergänzt.
Heilanzeigen: Rosmarin wirkt sehr belebend und fördert die Durchblutung. Er sollte deshalb nach 17 Uhr weder als Tee getrunken noch als Badezusatz angewendet werden.
Tee: Bereiten Sie sich täglich einen Aufguss zu, und trinken Sie davon täglich zwei Tassen (einen Teelöffel mit einem achtel Liter kochendem Wasser überbrühen, 15 Minuten ziehen lassen); bei niedrigem Blutdruck sind zwei Tassen morgens empfehlenswert.
Wein: Für den allseits geschätzten Rosmarinwein geben Sie 50 Gramm der Droge in eine Dreiviertel-Liter-Flasche, übergießen sie mit Tafelwein und lassen sie eine Woche stehen. Vor dem Trinken durchseihen und täglich ein Glas davon trinken.

Bei geschwollenen Füßen und nach großer körperlicher Anstrengung hilft Rosmarinspiritus. Er reizt die Haut und verbessert somit die Durchblutung.

Öl: Rosmarinöl eignet sich gut zum Einreiben müder Beine (→ Seite 90). Sehr gut ist hier auch eine Spiritus-Mischung: 20 Gramm Rosmarinblätter in eine Flasche füllen und mit einem viertel Liter Spiritus übergießen. Diese Mischung zehn Tage ruhen lassen, bevor Sie sie filtern und zur Einreibung verwenden.
Aufguss: Einen Badezusatz aus Rosmarinblättern erhalten Sie, wenn Sie 30 Gramm der Droge in einem Liter Wasser kochen und 30 Minuten ziehen lassen. Anschließend die Blätter abseihen und den Aufguss in Ihr Bad geben. Achtung: Rosmarin ist nicht geeignet für Schwangere, stillende Frauen und Kinder.

Rosskastanie (Aesculus hippocastanum)

Der in Europa weit verbreitete Laubbaum wird bis zu 30 Meter hoch und trägt große, handförmige, gezähnte Blätter. Der Baum

Die Kastanie sieht nicht nur hübsch aus, sie besitzt auch Heilkräfte unter ihrer stachligen Schale.

wird bis zu 200 Jahre alt. Er blüht im April, Mai und Juni mit üppigen, steif aufrecht stehenden Rispen. Die Frucht des Kastanienbaums reift im Herbst als eine hellgrüne, stachelige Kugel von bis zu sechs Zentimetern Durchmesser heran. Diese Kugel enthält die glänzende braune, mit einem weißen Nabelfleck versehene Frucht, die Kastanie.

Heilanzeigen: Die Rosskastanie ist das bekannteste Heilmittel bei Durchblutungsstörungen, Krampfadern, Venenleiden und Hämorriden. Die Inhaltsstoffe der Rosskastanie wirken auf das Gefäßsystem, indem sie die Spannung der Gefäßmuskulatur erhöht. Das bedeutet, dass die Venen sich verengen, was zu einer besseren Durchblutung führt. Außerdem hemmt die Rosskastanie die Bildung von Ödemen im Gewebe.

Sie kann äußerlich als Abreibung, Umschlag, Wickel (zehn Tropfen Tinktur auf einen viertel Liter Wasser) oder Salbe auf die betroffenen Stellen aufgetragen werden. Die Präparate sind in der Apotheke erhältlich.

Tee: Sehr wirksam ist auch der leicht bitter schmeckende Rosskastanientee. Man bereitet den Tee wie üblich zu (einen Teelöffel auf einen viertel Liter Wasser).

Tinktur: Zweimal täglich zehn Tropfen vor dem Essen in etwas Flüssigkeit einnehmen. Die innerliche Anwendung sollte nur kurweise sechs Wochen lang erfolgen.

Wacholderbeeren findet man an Berghängen, auf Heideland, in Mooren und lichten Wäldern. Um sich nicht an den spitzen Nadeln zu verletzen, sollte man ein Tuch unter die Sträucher legen und die Beeren von den Zweigen schütteln.

Wacholder (Juniperus communis)

Das strauchartige Nadelgewächs, das bis zu acht Meter hoch wachsen kann, bevorzugt die sandigen und steinigen Böden der Heidelandschaften und Kiefernwälder. Die Zweige dieses immergrünen Baumes tragen ein bis zwei Zentimeter lange, blaugrüne Nadeln.

Heilanzeigen: Wacholder ist seit Jahrtausenden bei vielen Völkern als krampflösendes und harntreibendes Heilmittel bekannt, das auch die Tätigkeit der Bronchien und der Verdauungsorgane anregt, den Stoffwechsel fördert und rheumatische Beschwerden lindert. Wacholder darf nicht ständig zugeführt werden, da er als harntreibendes Mittel die Nieren dauerhaft reizen kann. Deshalb ist bei Nierenerkrankungen und während der Schwangerschaft Vorsicht geboten.

Die Wacholderbeere entwässert Ödeme, die sich vor allem am Unterschenkel als Folge von Krampfadern bilden.

Tee: Nicht länger als vier Wochen zweimal täglich eine Tasse Tee trinken.

Tinktur: Für Einreibungen, Auflagen und Wickel empfiehlt sich eine Wacholdertinktur (drei Esslöffel Wacholder auf einen halben Liter Wasser).

Die ersten Hinweise auf die Verwendung von Weißdorn als Kreislaufmittel findet man bei Quercetanus, der sie dem französischen König Heinrich IV. gegen Alterserscheinungen verordnete.

Weißdorn (Crataegus laevigata)

Weißdorn wächst überall in Europa, am Waldrand, an Böschungen und Abhängen, auf humushaltigem und mineralhaltigem Boden. Das Rosengewächs hat starke Äste aus zähem Holz und wird bis zu drei Meter hoch. Die prachtvollen weißen Blüten gaben, zusammen mit den spitzen Dornen an den Zweigen, der Pflanze ihren Namen. Die Blätter des Weißdorns sind an ihrer Oberseite dunkelgrün, auf der Unterseite heller bis bläulichgrün und am Rand unregelmäßig gesägt.

Heilanzeigen: Das Rosengewächs gilt als eines der wichtigsten pflanzlichen Herzmittel. Weißdorn erweitert die Herzkranzgefäße, fördert die Durchblutung des Herzmuskels und hilft bei Herzrhythmusstörungen. Ältere Menschen können die Droge auch vorbeugend zu regelmäßigen Kuren oder ständig einnehmen.
Tee: Für einen Aufguss einen Teelöffel Blüten mit einem viertel Liter kochendem Wasser übergießen, 15 Minuten bedeckt stehen lassen, gelegentlich dabei umrühren, durch ein Sieb filtern, davon täglich zwei bis drei Tassen trinken.
Gut bewährt hat sich auch die Mischung aus 25 Gramm Weißdorn, 25 Gramm Mistel, 25 Gramm Knoblauch und 25 Gramm Zinnkraut. Einen Teelöffel der Mischung mit einem viertel Liter Wasser übergießen; davon drei Tassen täglich trinken.
Weitere Rezepte: 30 Gramm Weißdornblüten, 30 Gramm Weißdornblätter, 30 Gramm Melissenblätter, 10 Gramm Mistelstängel mischen. Einen Teelöffel der Mischung mit einem achtel Liter kochendem Wasser übergießen und 15 bis 20 Minuten ziehen lassen.
Oder: Weißdorn und Melisse zu gleichen Teilen mischen. Den Tee lauwarm und schluckweise trinken.
Anregend und herzstärkend wirkt eine Mischung aus Arnika- und Weißdornblüten: zu gleichen Teilen Arnikablüten und Weißdornblüten mischen, davon einen Teelöffel mit einem viertel Liter heißem Wasser übergießen. Höchstens zwei Tassen täglich, nur kurweise über vier bis sechs Wochen anwenden.
Blütentinktur: Zehn Tropfen drei- bis fünfmal täglich in etwas Flüssigkeit einnehmen.
Früchtetinktur: 10 bis 15 Tropfen einmal täglich in etwas Flüssigkeit einnehmen.

Weißdorn ist ein bekanntes Herzmittel, das überall in Europa an Waldrändern, Böschungen und Abhängen zu finden ist.

Zinnkraut oder Ackerschachtelhalm (Equisetum arvense)

Das Zinnkraut, auch Ackerschachtelhalm genannt, ist eines der ältesten Gewächse der Erdgeschichte und in Europa weit verbreitet. Der Gattungsname »Equisetum« leitet sich von den lateinischen Begriffen »equus« für Pferd und »seta« für Schwanz ab, weil

Von allen Arzneipflanzen hat das Zinnkraut den höchsten Kieselsäuregehalt. Die Kieselsäure soll das Bindegewebe und die weißen Blutkörperchen aktivieren, sodass die Pflanze auch bei rheumatischen Erkrankungen angewandt wird.

viele Arten mit ihren feinen Ästchen an den Schweif eines Pferdes erinnern. Die Beifügung »arvense« stammt von dem ebenfalls lateinischen Wort »arvum« und bedeutet Ackerland, denn auf Ackerfluren ist das Zinnkraut hauptsächlich zu finden. Es ist landläufig als Unkraut bekannt und gedeiht bevorzugt auf lehmigem Grund von Wiesen, Wegen und Äckern. Die Wurzel reicht manchmal bis zu einen Meter tief in den Boden. Die Stängel des Ackerschachtelhalmes sind etwa 20 Zentimeter hoch, bleistiftdick, dunkelbraun bis schwarz und mit Härchen besetzt. Die Triebe, die im Frühjahr erscheinen, sind von rötlich brauner Farbe mit kleinen scheidenförmigen braunen Blättern. Im Sommer wachsen aus den Stängeln ringförmige hellgrüne Laubtriebe. Die schaftartigen Stängelglieder der Pflanze haben die Menschen zu den zahlreichen Namen inspiriert, die es im deutschen Sprachraum für den Ackerschachtelhalm gibt. Sogar mit Pfeifenrohren oder dem Schwanz einer Katze vergleicht der Volksmund das Zinnkraut.

Den Namen »Zinnkraut« dagegen verdankt das Gewächs dem Umstand, dass es zu fast reiner Kieselsäure verbrennt, wenn man es anzündet. Mit dieser Kieselsäure reinigte man in früheren Zeiten die Zinngerätschaften wie Teller, Becher, Kannen und die Webschiffchen der Weber. In der Naturheilkunde wird diese Kieselsäure zur inneren Anwendung bei Bindegewebsschwäche und Arteriosklerose verordnet.

Im Frühjahr treiben zuerst die braunen Sporenhalme des Zinnkrauts aus und später die bis kniehohen grünen Halme. Als heilkräftig gelten nur die unfruchtbaren grünen Sommerwedel.

Die Geschichte der heilenden Wirkung der Pflanze reicht weit bis ins Altertum zurück: So ist von dem griechischen Arzt Dioskurides bekannt, dass er den Schachtelhalm zur Stillung von Blutungen im Wochenbett, als Husten- und Wundmittel und als harntreibendes Kraut einsetzte. Von Plinius wird überliefert, er sei von der blutstillenden Wirkung des Gewächses so sehr überzeugt gewesen, dass er die Meinung vertrat, es reiche aus, die Pflanze nur in der Hand zu halten, um ihre heilende Wirkung zu verspüren. Auch Albertus Magnus, der im 12. Jahrhundert lebte, rühmt die blutstillende Kraft des Ackerschachtelhalmes. Während des Mittelalters wurde die Pflanze vor allem als harntreibendes Mittel eingesetzt. Im 18. Jahrhundert ließ der Leibarzt Friedrichs des Großen den Schachtelhalm abkochen, um ihn bei Nierenerkrankungen und zur Entwässerung des Körpers zu verwenden. Kneipp darf in diesem Zusammenhang ebenfalls nicht vergessen werden, da auch er um die vielseitige Wirkung dieses Gewächses wusste, es häufig verordnete und immer wieder die universelle Wirkung dieses Heilkrauts betonte.

Heilanzeigen: Die blutreinigenden Eigenschaften des Ackerschachtelhalmes und sein heilender Einfluss auf Nieren- und Blasenleiden sind unbestritten. Auflagen, Wickel und Umschläge aus Tinktur oder einem Aufguss wirken beruhigend bei Krampfadern und Venenentzündungen. Auch eignen sich Tee oder eine verdünnte Tinktur zum Gurgeln bei Halsschmerzen und Entzündungen der Mundschleimhaut.

Zu den herausragenden Wirkungsweisen des Ackerschachtelhalms zählen seine blutreinigende Eigenschaften und der heilende Einfluss auf Blasen- und Nierenleiden.

Tee: Dazu einen Teelöffel Zinnkraut mit einem achtel Liter heißem Wasser übergießen, den Aufguss unter gelegentlichem Umrühren 15 Minuten ziehen lassen, täglich zwei bis drei Tassen davon trinken.

Aufguss: Für Waschungen, Umschläge und Wickel bereitet man mit zwei Esslöffeln Zinnkraut auf einem viertel Liter warmem Wasser einen Aufguss zu.

Man zählt das Zinnkraut zu den ältesten erdgeschichtlichen Gewächsen überhaupt.

Vier Schritte zu einem gesünderen Leben

Wir können selbst viel für unsere Gesundheit, also auch für eine bessere Durchblutung, tun. Wer rechtzeitig und regelmäßig durch bewusste Ernährung und ausreichende Bewegung, durch richtiges Atmen, einfache Übungen und Anwendungen seine Durchblutung unterstützt, bleibt jung und fit, steigert seine Lebensqualität und beugt Erkrankungen vor. In diesem Kapitel stelle ich Ihnen vier Bausteine für ein gesünderes, aktiveres Leben vor. Werden Sie selbst aktiv! Zu spät ist es praktisch nie!

Lange Zeit vernachlässigt, hat die Atemtherapie heute viele Anhänger gefunden, die den Atem als einen der Schlüssel zu den Geheimnissen des menschlichen Lebens betrachten.

Atemtherapie

Ohne Atem kein Leben – das wissen wir. Doch dass es falsche und richtige Weisen zu atmen gibt, ist nur wenigen bewusst. Die Schulung des richtigen Atmens führt zu körperlichem, emotionalem und geistigem Wohlbefinden. Hauptteil der Atemtherapie ist das bewusste Spannen und Entspannen der Muskeln, der Nerven und des Bewusstseins durch das Atmen. Geist und Körper werden gekräftigt, man entwickelt Abwehrkräfte gegen Krankheiten. Eine bewusste Atmung hilft vorbeugend bei Durchblutungsstörungen und lindert bereits bestehende Erkrankungen.

Die Atemtherapie zählt zu den wichtigsten Gesundheitsvorsorgemethoden, die je entwickelt wurden.

Der Einfluss unserer Lebensweise auf die Atmung

An der Atmung ist fast der ganze Körper beteiligt: Die Atemorgane, die Atemhilfsmuskulatur, das Herz und die Gefäße sind verantwortlich für die Aufnahme und Weiterleitung des Sauerstoffs und die Abgabe des Kohlendioxids.

Die Funktionsfähigkeit dieser Organe hängt vom allgemeinen körperlichen Zustand und von der Lebensweise einer Person ab. Eine Tätigkeit im Sitzen, wie sie heute viele Menschen ausüben, wenig Bewegung im Alltag, ungesunde Speisen, für deren Verdauung der Körper viel Energie, also Sauerstoff benötigt, beeinträchtigen die Sauerstoffversorgung des Körpers.
Auch die psychische Verfassung wirkt sich auf die Atmung aus. Wem vor Schreck der Atem stillsteht oder die Luft wegbleibt, der spürt, wie seine angespannte innere Verfassung die Sauerstoffzufuhr drosselt. Aber es sind nicht nur die Schreckmomente, die die Atmung beeinträchtigen.
Vor allem Daueranspannung, wie bei beruflichem oder privatem Stress, wirkt sich auf das Atmen aus. Man atmet zu flach, der Organismus wird nicht ausreichend mit Sauerstoff versorgt. Müdigkeit, Kopfschmerzen und das Nachlassen der geistigen Leistungsfähigkeit sind spürbare Anzeichen für Sauerstoffmangel.

Fehlatmung (zu flaches, hektisches Atmen) wirkt sich ungünstig auf den gesamten Organismus und die Psyche aus. Abhilfe bringt gezielte Atemgymnastik – trainiert wird die bewusste, natürliche, freie Atmung.

Atem ist Leben

Mit dem Atem nimmt der Organismus den lebensnotwendigen Sauerstoff aus der Luft auf und gibt das verbrauchte Kohlendioxid ab. Dieser Vorgang findet in den Lungen statt und wird Gasaustausch oder auch äußere Atmung genannt. Unter innerer Atmung versteht man den Austausch von Sauerstoff und Kohlendioxid im Gewebe, dort, wo aus den Kapillaren Sauerstoff direkt zu den Zellen gelangt und Kohlendioxid aus den Zellen in die Kapillaren zurückbefördert wird. Die Zellen benötigen den Sauerstoff, um ihre Nährstoffe biochemisch zu verbrennen, und gewinnen auf diese Weise die zum Leben notwendige Energie.

Die ausreichende Versorgung des Körpers mit Sauerstoff ist die Grundlage für Widerstandskraft und Gesundheit, für Leistungsfähigkeit und ein positives Lebensgefühl. Voraussetzung dafür ist eine bewusste, natürliche Atmung, die weder kurz noch lang, sondern weich und ausgeglichen ist.

In der westlichen Welt stoßen Übungen, die zur Regulierung des Atems beitragen – Zazen, Yoga und die chinesischen Kampfkünste – auf wachsendes Interesse.

Wenn zusätzlich noch Durchblutungsstörungen aufgrund von Herz-Kreislaufschwäche, chronisch verhärtete Muskulatur oder verengte Gefäße vorliegen, kann dies zu Organschäden und ernsthaften Erkankungen führen. So entsteht beispielsweise ein Gehirnschlag infolge einer akuten Unterbrechung der Sauerstoffversorgung bestimmter Gehirnteile.

Bewusste, natürliche Atmung

Mit Hilfe von Atemübungen wird die Sauerstoffversorgung und die Kohlendioxidausscheidung des Körpers beschleunigt.

Die natürliche Atmung, so wie die Atemtherapeuten sie verstehen, muss ruhig, entspannt und gleichmäßig sein. Bei vielen Menschen ist die Atmung unregelmäßig und unnatürlich. So atmen erschöpfte und überanstrengte Menschen oft sehr kurz ein und lange aus oder umgekehrt. Das kann dazu führen, dass bestehende Krankheiten sich verschlimmern. Deshalb ist es wichtig, dass man seinen Atem bewusst steuert. Die natürliche Atmung ist bewusst, weich und ausgeglichen. Durch Atemübungen kann man sich diesen Atem erarbeiten.

Der Einfluss von Atemübungen auf den Kreislauf

Die bewusste natürliche Atmung erhöht die Sauerstoffzufuhr und regt den Blutkreislauf an. Durch regelmäßige Atemübungen und bewusstes An- und Entspannen der Atemmuskulatur werden chronisch angespannte Muskeln entkrampft und schlaffe gefestigt. Auch das unbewusste Atmen wird langfristig tiefer und entspannter: Man fühlt sich entspannt und locker, der Körper entkrampft sich, die Spannkraft nimmt zu und das Reaktionsvermögen steigt. Atemübungen beugen Cholesterinansammlungen im Blut vor und wirken Krankheiten wie Arteriosklerose und Thrombose entgegen.

Atemübungen

Folgende Atemübungen verbessern Ihre Sauerstoffaufnahme, verhelfen Ihnen zu einer bewussten, tieferen und entspannteren Atmung und kräftigen Ihre Atem- und Atemhilfsmuskulatur. Auch Ihre Körperwahrnehmung wird geschult.

Darauf sollten Sie achten

- Achten Sie auf eine bequeme, nicht zu eng am Körper anliegende Kleidung.
- Der Übungsraum sollte gut gelüftet, geräumig und nicht zu warm sein.
- Führen Sie die Übungen regelmäßig durch, und wählen Sie dafür einen Zeitpunkt, der sich gut in Ihren Tagesablauf einbauen lässt.
- Atmen Sie immer durch die Nase ein und durch den Mund aus, und legen Sie vor jedem Einatmen eine Atempause von ein bis zwei Sekunden ein.
- Atmen Sie immer kurz ein und lang aus.
- Vermeiden Sie jede Anstrengung, und versuchen Sie auf keinen Fall möglichst tief zu atmen. Das könnte zu einer Hyperventilation, zu Übelkeit oder Kopfschmerzen führen. Für das richtige Atmen benötigen Sie keine Kraft, sondern Bewusstheit und Konzentration auf sich selbst, auf Ihren Atem und Ihren Körper. Die Atmung erfolgt locker und rhythmisch.
- Machen Sie vor den Atemübungen Lockerungsübungen, und entspannen Sie sich, bevor Sie mit einer neuen Übung beginnen.

Vermeiden Sie es, direkt nach dem Essen zu üben; sonst können Schweregefühl oder Schmerz im Magen oder beim Stuhlgang die Folge sein.

Vorbereitende Übungen

Der erste Schritt der Atemtherapie besteht in der Lockerung und Entspannung der Muskeln. Lockern und entspannen Sie Arme, Hände, Füße, Bauch und alle weiteren Muskeln, bis Ihr Körper ganz frei von Spannungen ist.

Atemübungen stärken Zwerchfell und Bauchmuskeln, verbessern die Sauerstoffversorgung und die Durchblutung und harmonisieren das vegetative Nervensystem.

Die Muskeln lockern

Führen Sie folgende Lockerungsübungen durch:

- Die Schultern hochziehen und wieder senken.
- Den Kopf vorsichtig hin und her bewegen.
- Mit den Armen vorwärts, rückwärts oder seitwärts kreisen.
- Die Arme schwingen.
- Wie beim Seilspringen federnd auf- und abspringen.
- Mit den Füßen auf der Stelle auf- und abwippen.

Spannung und Entspannung sind für die Atemtherapie von entscheidender Bedeutung. Beim Atmen werden die Organe ständig gedehnt und zusammengedrückt. Diese Bewegung ist wie eine innere Massage.

Tief und gleichmäßig entspannen

Sie liegen locker und lang ausgestreckt auf einer Matte oder einer Decke auf dem Boden.

- Räkeln Sie sich, und gähnen Sie laut.
- Entspannen Sie sich, indem Sie jeden Muskel Ihres Körpers, den Sie bewusst wahrnehmen können, drei Sekunden an- und entspannen.
- Atmen Sie dreimal tief in den Bauch ein und aus.
- Krallen Sie die Zehen Ihres rechten Fußes zusammen, und lockern Sie sie wieder. Versuchen Sie, Ihre Bewegungen Ihrem Atemrhythmus anzupassen.
- Gehen Sie nun zum linken Fuß über. Nehmen Sie die Muskulatur Ihrer Zehen wahr, spüren Sie, wie sie sich an- und wieder entspannt.
- Wenden Sie keine Kraft an – alles geschieht locker und spielerisch.
- Ziehen Sie den rechten Fuß ans Gesäß hoch, und drücken Sie ihn wieder nach unten.
- Wiederholen Sie die Übung mit dem linken Fuß.
- Konzentrieren Sie sich auf Ihre Schienbein- und Oberschenkelmuskulatur. Ihre Beine liegen nun wieder flach auf dem Boden.

Die Übung beginnt mit der Entspannung. Lockern Sie Schultern, Arme, Hände und Füße, Bauch und alle weiteren Muskeln, bis ihr Körper frei von jeglicher Anspannung ist.

Drücken Sie sie gegen die Unterlage, und lassen Sie wieder locker: erst das rechte Bein, dann das linke.

➤ Kneifen Sie die Gesäßmuskulatur zusammen, und entspannen Sie sie wieder. Wiederholen Sie die Übung dreimal.

➤ Konzentrieren Sie sich nun auf Ihre Beckenmuskulatur. Kneifen Sie sie so zusammen, als müssten Sie dringend Wasser lassen und hätten keine Möglichkeit dazu: dreimal anspannen, dreimal lockern.

➤ Nun sind die Bauchmuskeln an der Reihe: Halten Sie die Anspannung drei Sekunden, und spüren Sie, welche Muskeln sich in Ihrem Körper dadurch verspannen. Versuchen Sie, diese Muskeln zu lockern.

➤ Pressen Sie Ihr Steißbein fest auf die Unterlage, und lösen Sie die Spannung wieder.

➤ Drücken Sie erst das rechte Schulterblatt auf den Boden, dann das linke, zum Schluss drücken Sie beide Schulterblätter gegeneinander. Spüren Sie einige Sekunden lang die Anspannung, und lockern Sie sie wieder.

➤ Ruhen Sie einen Moment aus, und konzentrieren Sie sich auf Ihren Atem. Atmen Sie tief und gleichmäßig.

➤ Ballen Sie Ihre Hände zu Fäusten, und lockern Sie sie wieder, erst rechts, dann links. Anschließend ziehen Sie Ihre rechte, dann die linke Hand bis zur Hüfte hoch und wieder hinunter. Achten Sie dabei immer darauf, die Muskeln zu spannen und zu entspannen.

➤ Drücken Sie Ihre am Körper anliegenden Arme gegen die Unterlage, und lassen Sie sie wieder locker.

➤ Pressen Sie Ihren Kopf auf die Unterlage, und ziehen Sie anschließend Ihr Kinn bis zum Brustbein. Entspannen Sie sich.

Auf die körperliche Entspannung folgt die geistige Entspannung. Ihr Geist ist ruhig und fest, Sie sind frei von allen Sorgen und Anspannungen.

Das Gesicht entspannen

Machen Sie folgende Übungen mehrmals hintereinander:

➤ Pressen Sie die Lippen aufeinander, und lockern Sie sie wieder.

➤ Blasen Sie die Luft bei leicht aufeinander liegenden Lippen kräftig aus, bis Ihre Lippen vom Luftstrom vibrieren.

➤ Pumpen Sie Ihren Mund bei geschlossenen Lippen mit Luft voll, bis Ihre Wangen pausbäckig sind, und lassen Sie die Luft langsam wieder durch Ihre Lippen ausströmen.
➤ Ziehen Sie die Mundwinkel nach außen, und entspannen Sie sie wieder.
➤ Beißen Sie die Zähne fest aufeinander, und lockern Sie sie wieder.
➤ Rümpfen Sie die Nase, und entspannen Sie sie wieder.
➤ Schließen Sie die Augen, und öffnen Sie sie wieder.
➤ Als Letztes runzeln Sie Ihre Stirn und entspannen sie anschließend wieder.

Die Atempause sollte etwa dreimal so lang wie die Einatmung dauern. Anfänger zählen am besten leise mit, damit die Zeiten stimmen; nach einiger Übung fließt der Atem automatisch im richtigen Rhythmus.

Den Atem fließen lassen

Jetzt sind Sie ganz entspannt und locker. Lassen Sie Ihren Atem ruhig und gleichmäßig strömen. Machen Sie sich bewusst, dass Atmen ein Geben und Nehmen ist, und versuchen Sie, mit dem Ausatmen Gedanken und Sorgen, die Sie beschäftigen, loszulassen und beim Einatmen neue Kraft aufzunehmen. Beobachten Sie das Zusammenspiel aktiven Einatmens und passiven Ausatmens, wenn die Lungen sich von selbst leeren, ohne dass Sie etwas dazu tun müssen. Machen Sie nach jedem Ausatmen eine kurze Pause, bevor Sie neu Luft holen. Diese Atempause ist sehr wichtig, weil die Zellen der Atemorgane sie zu ihrer Regeneration nutzen.

Nasenatemübungen

Beginnen Sie jede Atemübung mit einer Nasenatemübung. Auf diese Weise wird die Atemmuskulatur und insbesondere das Zwerchfell angeregt, da die Nasenenge der eingeatmeten Luft einen größeren Widerstand entgegensetzt als die Mundatmung. Man atmet tiefer und länger.
Durch die Übungen werden die Nasenlöcher bewusst enger gestellt, Zwerchfell und Atemhilfsmuskulatur werden trainiert. Der größere Ausdehnungsradius des Zwerchfells fördert die Durch-

Über das Üben

Stellen Sie sich Ihr Atemübungsprogramm ganz individuell zusammen. Wichtig ist nur, dass Sie sich dafür 15 Minuten Zeit nehmen. Zur besseren Entspannung können Sie in einer Duftlampe ein ätherisches Öl verdunsten lassen.

Es kann eine Weile dauern, bis Sie den richtigen Atemrhythmus gefunden haben. Setzen Sie sich auf keinen Fall unter Druck, sondern erarbeiten Sie sich die Übungen Schritt für Schritt.

blutung der Bauchorgane bzw. der Brusthöhle und unterstützt den venösen Rückstrom des Blutes zum Herzen hin.
Hier ein paar Übungen zur Auswahl. Sie können sie im Liegen oder Sitzen ausführen. Achten Sie dabei auf die richtige Haltung: Setzen Sie sich gerade und aufrecht auf die Stuhlkante, Ihre Beine stehen parallel zueinander, die Fußsohlen liegen ganz auf dem Boden auf.

➤ Beklopfen Sie mit Ihren Fingern auf und ab den Nasenrücken, die Nasenflügel und das ganze restliche Gesicht. Vergessen Sie nicht, dabei durch die Nase zu atmen!

➤ Kneten Sie mit Daumen und Zeigefinger einer Hand Ihre Nasenflügel, und ziehen Sie sie dabei leicht nach vorne.

➤ Halten Sie beim Einatmen mit dem Daumen Ihrer rechten Hand Ihr rechtes Nasenloch zu. Anschließend halten Sie mit dem rechten Zeigefinger Ihr linkes Nasenloch zu und nehmen beim Ausatmen den Daumen vom rechten Nasenloch, sodass die Luft hier entweichen kann. Atmen Sie auf diese Weise fünfmal ein und aus, und achten Sie dabei darauf, ob sich die Nasenlöcher gleich weit und frei anfühlen.

➤ Massieren Sie Ihre Nase leicht klopfend mit den Fingerkuppen Ihres Mittel- und Zeigefingers, und lassen Sie dabei »nnn…« durch Ihre Nase tönen.

➤ Ziehen Sie Ihren Atem einmal schnuppernd wie ein Hase, dann hechelnd wie ein Hund ein. Atmen Sie dreimal hintereinander schnuppernd ein und einmal tief wieder aus. Variieren Sie nach Ihrem eigenen Empfinden, und konzentrieren Sie sich dabei auf den Verlauf der Atemluft durch Ihre Nase.

Ein gesunder Erwachsener holt etwa 18-mal in der Minute Luft. Nach einiger Übung verlängert sich die Zeit, die für jeden Atemzug gebraucht wird.

Bei Menschen, die bewusst und tief atmen, senkt sich das Zwerchfell während der Übung drei bis vier Zentimeter weiter nach unten als normal. Dadurch vergrößert sich die Kapazität des Brustraums und mit ihm die Vitalkapazität der Lungen.

➤ Beobachten Sie Ihre Bauchdecke: Spüren Sie bewusst die Atemmuskeln, die sich zwischen Ihren Rippen und dem Zwerchfell befinden.

Übungen zur Zwerchfellatmung

1. Legen Sie sich auf den Rücken, Ihre Hände liegen locker auf dem Bauch.
➤ Atmen Sie bewusst und kurz ein, und konzentrieren Sie sich auf Ihren Bauch.
➤ Achten Sie darauf, wie sich Ihr Bauch wölbt, während sich das Zwerchfell nach unten ausdehnt.
➤ Beim Ausatmen wird Ihr Bauch wieder flach.
➤ Halten Sie zwei Sekunden inne, bevor Sie erneut einatmen.
Wiederholen Sie die Übung fünf- bis zehnmal.
2. Legen Sie sich auf den Rücken, und atmen Sie langsam und entspannt mit einer Atempause von zwei Sekunden ein und aus.
➤ Beim Ausatmen umfassen Sie mit beiden Händen abwechselnd Ihr rechtes, dann Ihr linkes Knie, ziehen es bis zum Kinn und lassen es wieder los.
Wiederholen Sie die Übung fünf- bis zehnmal.

Übungen zur Bauchatmung

1. Legen Sie sich auf den Rücken, Ihre Hände liegen auf Ihrer Taille.
➤ Atmen Sie ruhig und bewusst in Ihren Bauch, und spüren Sie mit den Händen, wie sich Ihr Rumpf nach außen dehnt.
➤ Beim Ausatmen wird die Taille wieder enger.
➤ Halten Sie zwei Sekunden inne, bevor Sie erneut einatmen.
Wiederholen Sie die Übung fünfmal.
2. Legen Sie sich auf den Rücken, die Füße stellen Sie dabei auf den Boden.
➤ Legen Sie die Hände auf den Bauch, und atmen Sie ein.
➤ Beim Ausatmen lassen Sie die Luft mit einem Zischlaut langsam durch Ihre halb geschlossenen Lippen strömen.
Wiederholen Sie die Übung sechsmal.

Unter Vitalkapazität der Lungen versteht man die Luftmenge, die nach maximaler Einatmung mit einem Atemzug wieder ausgeatmet werden kann.

3. Sie stehen aufrecht und entspannt im schulterbreiten Stand, die Knie sind leicht gebeugt.

➤ Greifen Sie mit beiden Händen in Höhe des Nabels in Ihren Bauch, sodass Sie eine dicke Bauchfalte zwischen den Fingern festhalten können.

➤ Atmen Sie ein, und stellen Sie sich beim Ausatmen vor, Sie wollten die Luft in diese Falte lenken und die Hände wegatmen. Wiederholen Sie die Übung fünfmal.

Die Vitalkapazität eines gesunden Mannes beträgt etwa 400 Kubikzentimeter. Durch bewusstes, tiefes Atmen kann er seine Vitalkapazität auf 3500 Kubikzentimeter steigern. Marathonläufer können eine Vitalkapazität von 5000 bis 8000 Kubikzentimeter erreichen.

Übungen zur Lendenatmung

1. Legen Sie sich auf den Rücken, Ihre Hände liegen dabei unter Ihrem Gesäß.

➤ Atmen Sie bewusst in Ihre Lendenwirbelsäule, und spüren Sie mit Ihren Händen, wie sie sich zum Boden hin, gegen Ihre Hände, ausdehnt.

➤ Halten Sie zwei Sekunden inne, bevor Sie erneut konzentriert und bewusst einatmen.

Wiederholen Sie die Übung fünfmal. Sie können diese Übung auch im Sitzen ausführen.

2. Die folgende Übung dehnt die Atemmuskulatur vom Beckenboden bis zur Nase:

Sich räkeln, strecken und tief durchatmen fördert die Sauerstoffversorgung und sorgt auch morgens dafür, dass Sie sich rasch fit für den Tag fühlen.

➤ Legen Sie sich auf den Boden, Beine und Füße sind gestreckt.
➤ Strecken, dehnen und räkeln Sie sich am ganzen Körper. Versuchen Sie dabei zu gähnen.
➤ Atmen Sie tief und entspannt aus, seufzen Sie ruhig dabei.
Wiederholen Sie die Übung dreimal. Sie können diese Übung auch im Sitzen oder Stehen durchführen.

Übungen zur Brustatmung

Sport und körperlicher Bewegung werden seit jeher gesundheitsfördernde Wirkungen zugeschrieben. Bereits Platon war davon überzeugt, dass regelmäßige Bewegung die »Lebenssäfte« erneuert.

1. Legen Sie sich auf den Rücken, unter Ihren Rücken in Höhe des Brustkorbs legen Sie ein flaches Kissen. Ihre Hände liegen auf den unteren Rippenbögen.
➤ Atmen Sie ein und aus, und beobachten Sie am Auf und Ab Ihrer Hände, wie der Brustkorb sich weitet und die Lungen sich dehnen.
Wiederholen Sie die Übung fünfmal. Sie können diese Übung auch im Sitzen ausführen.
2. Gehen Sie mit ausgestreckten Armen in den Vierfüßlerstand.
➤ Heben Sie abwechselnd den rechten und den linken Arm, drehen Sie den Kopf zur Seite, und blicken Sie auf Ihre ausgestreckte Hand.
➤ Legen Sie die Hand wieder auf dem Boden ab, drehen Sie den Kopf gerade, und blicken Sie nach unten auf den Boden. Atmen Sie aus.
Wiederholen Sie die Übung dreimal. Nach einiger Zeit werden Sie spüren, dass sich Ihre Herz-Kreislauf-Funktionen deutlich verbessern.

Übung zur Rückenatmung

Die folgende Übung können Sie im Liegen oder Sitzen durchführen. Legen Sie Ihre Handrücken unterhalb der Schulterblätter auf Ihren Rücken.
➤ Atmen Sie ein und aus. Konzentrieren Sie sich dabei darauf, wie sich Ihre Hände beim Ein- und Ausatmen heben und senken und Ihr Brustkorb sich weitet und senkt.
Wiederholen Sie die Übung fünfmal.

Gesund und fit durch Bewegung

Durch Sport und Bewegung kann man viel für seine Gesundheit tun. Wer körperlich aktiv ist, sich genügend bewegt, fühlt sich fit und gesund und wird von einem positiven Lebensgefühl bestimmt. Körperlich aktive Menschen fühlen sich leistungsstark, widerstandsfähig und ausgeglichen, sie können besser abschalten und entspannen.

Fitness ist messbar

Wie fit wir sind, lässt sich anhand der Leistungsfähigkeit unseres Herz-Kreislauf-Systems nachweisen. Ein Gradmesser unserer körperlichen Belastbarkeit ist unser Puls. Regelmäßige sportliche Betätigung steigert die Belastbarkeit der Muskulatur und der Gelenke und wirkt sich günstig auf Herz und Kreislauf aus. Umgekehrt ist die Leistungsfähigkeit des Herz-Kreislauf-Systems ausschlaggebend dafür, welche Sportarten wir betreiben dürfen und welche nicht.

Zahlreiche wissenschaftliche Studien belegen den Zusammenhang zwischen Herz-Kreislauf-Erkrankungen und Bewegung: Wer regelmäßig und ausdauernd Sport treibt, verringert das Risiko einer Herz-Kreislauf-Erkrankung um 50 Prozent! Eine große Hilfe dabei ist regelmäßiges Ausdauertraining.

Zahlreiche Untersuchungen zeigen, dass die Infarkthäufigkeit bei körperlich inaktiven Menschen im Alter zwischen dem 40. und 60. Lebensjahr um das Vierfache steigt. Ausdauertrainierte haben als 60-Jährige das Risiko eines nicht trainierten 40-Jährigen.

Gesund durch Ausdauertraining

Regelmäßig durchgeführt steigert Ausdauertraining den Sauerstoffbedarf und damit die Sauerstoffaufnahme des Körpers sowie die Energiegewinnung in den Zellen. Dadurch arbeitet das Herz ökonomischer: Mit weniger Schlägen wird eine größere Menge Blut ausgeworfen, der Puls sinkt, und die im Körper zirkulierende Blutmenge erhöht sich. Die Blutgefäße weiten sich, der Herzmuskel wird besser ernährt, und die roten Blutkörperchen fließen besser durch die feinen Kapillaren. Das Blut neigt weniger zur Gerinnung, die Gefahr, dass sich Blutgerinnsel (Ursache von Infarkten und Thrombosen) bilden, nimmt ab. Auch

Ausreichende Bewegung wirkt unter anderem auf den Bewegungsapparat, auf den Stoffwechsel, auf den Energiehaushalt, auf das Herz-Kreislauf-System und auf das vegetative Nervensystem.

Beim Ausdauertraining zu beachten

- Wenn Sie länger keinen Sport getrieben haben oder an einer Herz-Kreislaufschwäche leiden, sollten Sie sich vor Beginn des Trainings unbedingt gründlich von Ihrem Arzt untersuchen lassen.
- Bei Temperaturen über 28 °C und 80 Prozent Luftfeuchtigkeit sollten Herz-Kreislauf-Erkrankte nicht mehr trainieren.
- Wählen Sie für Ihr Ausdauertraining eine Sportart, die Ihnen Spaß macht und die sie jederzeit ausüben können.
- Beginnen Sie langsam, und steigern Sie sich allmählich.
- Setzen Sie sich nie unter Leistungsdruck.
- Trainieren Sie regelmäßig.
- Beginnen Sie jeden Sport mit Lockerungsübungen.
- Trainieren Sie nicht, wenn Sie einen Infekt haben.
- Bei Atemnot, Herzklopfen oder Erschöpfung müssen Sie das Training sofort beenden.
- Leichter Reizhusten, bläuliche Lippen und Appetitlosigkeit als Folge Ihres Ausdauertrainings sind Anzeichen dafür, dass Ihnen das Training nicht gut tut oder dass Sie etwas falsch gemacht haben. Ziehen Sie einen Arzt zurate.

der Fettgehalt des Blutes wird positiv beeinflusst: Der ungünstige Anteil des LDL-Cholesterins verringert sich, und der Anteil seines Gegenspielers, das HDL-Cholesterin, erhöht sich.

Bessere Durchblutung

Auch die Vitalkapazität der Lungen erhöht sich. Die Atemmuskulatur wird gekräftigt, die restliche Muskulatur wird stärker und widerstandsfähiger. Gelenke, Bänder, Sehnen, Knochen und Schleimhäute werden besser durchblutet und ernährt, die Verdauung wird angeregt. Das Nervensystem entspannt sich, der Schlaf wird tiefer und fester.

Langfristig führt Ausdauertraining zu einer Vergrößerung des Herzmuskels. Bei einem trainierten Herzen wird mehr Blut in die Gefäße gepumpt als bei einem kleinen, untrainierten Herzen.

Regelmäßig die Pulsfrequenz messen

Die Kontrolle Ihrer Pulsfrequenz ist in den ersten Wochen Ihres Ausdauertrainings besonders wichtig. Ausdauertraining stärkt, aber beansprucht Sie auch besonders. Man unterscheidet den Ruhepuls, den Ausgangs-, den Belastungs- und den Erholungspuls. Der Puls wird mit Zeige-, Mittel- und Ringfinger am inneren Handgelenk oder an der Halsschlagader gemessen.

➤ Kontrollieren Sie einmal wöchentlich den Ruhepuls morgens vor dem Aufstehen. Verringert er sich nach einigen Monaten Training, war Ihr Ausdauertraining erfolgreich.

➤ Unmittelbar vor dem Training wird der Ausgangspuls gemessen. Tragen Sie die Werte in ein Heftchen ein, und vergleichen Sie sie regelmäßig.

➤ Der Belastungspuls wird unmittelbar nach dem Training gemessen. Je weniger er angestiegen ist, umso leistungsfähiger sind Ihr Herz und Ihr Kreislauf. Und je schneller Sie nach dem Training wieder Ihren Ausgangspuls erreicht haben, umso kräftiger sind Ihr Herz und Kreislauf.

➤ Zum Schluss überprüfen Sie zwei bzw. fünf Minuten nach dem Training Ausgangs- und Erholungspuls.

In der folgenden Tabelle finden Sie die maximal zulässige Pulsfrequenz unmittelbar nach einer Belastung. Je weiter Ihre Werte diese Richtwerte unterschreiten, umso leistungsfähiger ist Ihr Herz-Kreislauf-System.

Beim Ausdauertraining ist das richtige Maß entscheidend: Zu wenig bringt nichts, und zu viel schadet. Vor allem ältere Menschen sollten ihren Arzt zurate ziehen, bevor sie ein Trainingsprogramm starten.

Achten Sie auf folgende Überlastungszeichen:
- *Kühle, blasse Haut*
- *Schneller Puls*
- *Schnelle Atmung*
- *Schwäche mit Ohnmachtsneigung*

Alter	Maximaler Puls nach Belastung in der Minute		
	Generell gefährlich	Einsteiger	Fortgeschrittene
20	200	120	140
30	190	114	133
40	180	108	126
50	170	102	119
60	160	96	112
70	150	90	105

Welche Sportarten sind geeignet?

Nicht alle Sportarten sind bei Durchblutungsstörungen gleichermaßen gut geeignet. Nicht zu empfehlen sind Krafttraining und Gewichtheben; die abrupten Bewegungen belasten das Venensystem unnötig.

Sehr gut sind Gehen, Laufen (langsamer Dauerlauf oder Jogging), Wandern (nicht Bergsteigen), Venen-Walking, Radfahren, Schwimmen, Skilanglauf, Rudern, Kanufahren, Aerobic, Ballspiele wie Tennis, Hockey, Fußball, Handball, Basketball und Golf. Nicht zu empfehlen sind Squash, Tischtennis und Volleyball!

Gehen

Gehen ist eine der gesündesten Sportarten. Wenn Sie keinen anderen Sport treiben, sollten Sie in der Woche 25 Kilometer gehen (fünf Kilometer am Tag, vier- bis fünfmal in der Woche). Achten Sie beim Gehen darauf, die angewinkelten Arme im Rhythmus der Schritte gleichmäßig mitzubewegen. Wichtig sind auch gute Laufschuhe, in denen der Fuß fest sitzt, gut abrollt und Sie keine Blasen bekommen. Zum Training eignet sich ebener Boden in Parks oder auf Spazierwegen; wurzeliger, hügeliger Waldboden ist weniger gut geeignet.

Laufen und Jogging

Beim langsamen Dauerlaufen sollten Sie nicht außer Atem kommen und sich ohne Probleme unterhalten können. Anfänger be-

Gehen ist ein ausgesprochen gesunder Sport, insbesondere für Menschen, die ansonsten keinen weiteren Sport betreiben.

ginnen mit einer Minute täglich und steigern sich langsam. Auf keinen Fall dürfen Sie sich unter Druck setzen. Es reicht vollauf, wenn Sie sich von Woche zu Woche um eine Minute steigern. Nach acht Monaten haben Sie auf diese Weise die ideale Laufzeit von einer halben Stunde erreicht. Wichtig ist, dass Sie sich vor jedem Dauerlauf gut aufwärmen.
Achtung: Wenn Sie beim Laufen unter Atembeschwerden oder Herzschmerzen leiden, müssen Sie das Laufen sofort abbrechen!

Empfehlenswert ist ein tägliches Walking von mindestens einer halben Stunde. Prüfen Sie während des Gehens immer wieder Ihren Puls. Er sollte etwa bei 100 bis 110 Schlägen pro Minute liegen und nur für kurze Zeit 130 Schläge erreichen.

Venen-Walking

Venen-Walking ist ein spezielles Gehtraining für schwache Venen. Das Ziel ist, die Beine so gut wie möglich zu entstauen, um dadurch die Venen zu kräftigen und Krampfadern vorzubeugen. Wichtig ist die richtige Technik, alles muss harmonisch aufeinander abgestimmt sein.

- Den Fuß bewusst von der Ferse zu den Zehen abrollen. Dadurch wird die Waden- und Beinmuskulatur trainiert.
- Den Fuß von der Erde kräftig abdrücken. Konzentrieren Sie sich dabei auf das Anspannen Ihrer Fuß- und Unterschenkelmuskulatur. Die Füße immer parallel zueinander aufsetzen.
- Den Fuß kräftig nach vorne ausschwingen, um die Muskulatur wieder zu entspannen.
- Den Körper aufrecht und gerade halten, kein Hohlkreuz machen! Mit erhobenem Kopf nach vorne schauen.
- Die Schultern sinken lassen.
- Die Arme beim Gehen mitführen. Bleiben Sie in den Schultern locker, und schließen Sie die Hände, ohne sie zu verkrampfen, leicht zu einer Faust.

Trainiert wird in folgender Reihenfolge: fünf bis zehn Minuten langsames Venen-Walking, anschließend Dehnungsübungen, wieder Gehen. Versuchen Sie mit jedem Mal, sich ein wenig zu steigern. Wichtig ist, dass Sie am Ende des Trainings Ihren Gang drei bis fünf Minuten Schritt für Schritt verlangsamen. Gut trainierte Venen-Walker legen in einer Stunde eine Strecke von acht bis zehn Kilometern zurück.

Die richtige Technik ist beim Venen-Walking entscheidend. Sehr hilfreich sind spezielle Walking-Gruppen. Solche Gruppen werden inzwischen in zahlreichen Vereinen, Volkshochschulen oder Fitness-Zentren angeboten.

Marschieren für die Venen

Mit Venen-Walking erreichen Sie vier Ziele:

- Die Beinmuskulatur wird gestärkt.
- Die Venen werden gekräftigt.
- Der venöse Rückstrom des Blutes wird gefördert.
- Die Arbeit der Muskelpumpe wird verbessert.
- Die Beine werden entstaut.

Bewegen Sie sich auch im Alltag so viel wie möglich. Hilfreich sind schon kleine Veränderungen: so viel wie möglich zu Fuß erledigen, im Büro oft umherlaufen, Treppen steigen statt die Rolltreppe oder den Fahrstuhl benutzen.

Dehnübungen

➤ Den Kopf nach links und rechts neigen, fünf Sekunden auf jeder Seite halten.

➤ Die Schultern fünfmal zu den Ohren ziehen und wieder nach unten drücken, mit den Schultern mehrmals kreisen. Dabei entspannt ein- und ausatmen.

➤ Die Beine spreizen, den rechten Arm hochstrecken und den Oberkörper mit gestrecktem Arm nach links beugen. Den linken Arm entspannt nach unten hängen lassen. Fünf Sekunden in dieser Position bleiben. Seitenwechsel.

➤ Das rechte Bein anwinkeln und mit der rechten Hand an den Körper drücken. Beinwechsel.

Rad fahren

Radfahren schont die Wirbelsäule und die Gelenke und stärkt Herz und Kreislauf. Wichtig ist, dass Sie jeden Tag Radfahren. Fangen Sie langsam an, und steigern Sie sich allmählich. Trainieren Sie mindestens viermal in der Woche 20 bis 30 Minuten. Nach einigen Monaten werden Sie acht Kilometer in 20 Minuten fahren. Damit haben Sie die Grenze zum Leistungssport erreicht! Wichtig ist ein funktionstüchtiges, sicheres Fahrrad, nach Möglichkeit mit Gangschaltung.

Schwimmen

Schwimmen schont die Muskeln, Knochen und Gelenke. Trainieren Sie viermal in der Woche 20 bis 30 Minuten. Nur so spüren Sie die Wirkung auf Herz und Kreislauf. Die verschiedenen Schwimmstile (Brustschwimmen, Kraulen, Rückenschwimmen) trainieren jeweils andere Muskelgruppen. Regelmäßiges Schwimmen baut Fettpolster ab, die Haut strafft sich.

Skilanglauf

Kaum eine Sportart trainiert den Körper so umfassend und schonend wie Skilanglauf oder Skiwandern. Skilanglauf stärkt Herz und Kreislauf, verbessert Atmung und Stoffwechsel, wirkt positiv auf das vegetative Nervensystem und trainiert den Stütz- und Bewegungsapparat.

Andere Sportarten

Wer lieber zu Hause trainiert, ist mit Heimtrainern (zur Vorbeugung von Durchblutungsstörungen und Herz-Kreislauf-Erkrankungen) gut beraten.
Sehr zu empfehlen sind auch die Mannschaftssportarten Hockey, Fußball, Basketball und Handball.

Die Menschen in den westlichen Industrienationen essen im Verhältnis zur körperlichen Tätigkeit zu viel und zu fett, salzen übermäßig und führen dem Körper zu wenig Ballaststoffe zu.

Gesunde, vollwertige Ernährung

Sowohl bei der Vorbeugung als auch bei der Behandlung von Durchblutungsstörungen spielt die Ernährung eine große Rolle. Gesunde Ernährung bildet die unverzichtbare Grundlage der regelmäßigen Gesundheitspflege. Sie führt dem Körper Energie, Bau- und Vitalstoffe für seine Lebensfunktionen zu. Umgekehrt kann die falsche Kost zu Mangelzuständen und Krankheiten führen. Die heute übliche Ernährung gilt als einer der wichtigsten Krankheitsfaktoren, weil sie zu viel Fleisch und Wurst, Fett, Süßigkeiten und andere denaturierte Nahrungsmittel enthält. So ist erwiesen, dass das Arterioskleroserisiko bei Vegetariern deutlich niedriger ist als bei Menschen, die regelmäßig Fleisch essen. Die Kombination von richtiger Ernährung und gezielter Vitaminzufuhr ist eine der wichtigsten Voraussetzungen für die ausreichende Versorgung unserer Körperzellen.

Fehler und Folgen der ungesunden Ernährung

Jede Körperzelle braucht für ihren Stoffwechsel Nahrung, Regulationsstoffe und Sauerstoff, die sie aus dem Blut aufnimmt. Bei Durchblutungsstörungen liegt eine Minderversorgung mit diesen lebenswichtigen Stoffen vor.
Was Sie täglich essen und trinken, wirkt sich gleich mehrfach auf die Zelle und ihre Funktionstüchtigkeit aus: Falsche Kost entzieht Ihren Zellen wichtige Nahrung. Gifte überschwemmen das Blut, überflüssige Fette lagern sich an, die Blutgefäße verengen sich. Die Folge sind Durchblutungsstörungen und die Unterversorgung der Zellen.
Besonders das Herz-Gefäß-System wird von der ungesunden Ernährung in Mitleidenschaft gezogen. Da sie zu viel Fett enthält, kommt es zum Anstieg der Blutfettwerte, die Folge sind eine erhöhte Neigung des Blutes zur Verklumpung (Thrombose, Embolie), die Einlagerung von Fett und Kalk in den Arterienwänden (Arteriosklerose) wird begünstigt. Herzinfarkt und Schlaganfall können die Folge sein.

Vorbeugende Ernährung für Blutkreislauf und Gefäße

Zu fetthaltige Kost und gleichzeitiger Mangel an Ballaststoffen gelten als Mitursache für Arteriosklerose, erhöhter Salzkonsum als Mitauslöser von erhöhtem Blutdruck.

Wer sich mit Ernährung befasst, wird bald feststellen, dass es unterschiedliche und zum Teil auch widersprüchliche Empfehlungen gibt. Davon dürfen Sie sich nicht verwirren lassen! Völlig unbelastet und schadstofffrei können wir uns zwar nicht ernähren, doch wir können die Menge der Schadstoffe erheblich reduzieren. Achten Sie beim Einkauf auf Herkunft, Verarbeitung und Lagerung der Lebensmittel, suchen Sie ein Geschäft mit guter Ware, und essen Sie vorwiegend, was Sie wirklich brauchen.

Die Wirkung von Cholesterin

Lange Zeit ging man davon aus, dass ein erhöhter Cholesterinspiegel, besonders des LDL-Cholesterins (des so genannten schlechten Cholesterins), für die Gesundheit schädlich ist und das Entstehen von Arteriosklerose begünstigt. Man entwickelte deshalb Diäten und Medikamente, die den Cholesterinspiegel senken. Dennoch beobachtete man immer häufiger, dass sich der Cholesterinspiegel trotz strenger Diät und medikamentöser Therapie nur schwer beeinflussen lässt.

Neuere Forschungen haben nun bewiesen, dass Cholesterin für viele Vorgänge im Körper unentbehrlich ist. Es stützt die Zellwände und wird für die Hormonproduktion benötigt. Darüber hinaus braucht der Körper Cholesterin, um Vitamin D zu verarbeiten. Wie wichtig Cholesterin für den Körper ist, zeigt sich auch daran, dass fast alle Gewebe des Organismus Cholesterin herstellen können.

Die Herstellung des Cholesterins wird vom Körper nach Bedarf reguliert: Er drosselt seine Produktion, wenn zu viel Cholesterin zugeführt wird, und kurbelt sie an, wenn er davon zu wenig hat, wie z. B. bei einer Diät.

Eine gesunde, vollwertige Kost sollte wie folgt zusammengesetzt sein:

- *Eiweiß: 12 bis 15 Prozent der Gesamtkalorien*
- *Fett: 25 bis 30 Prozent der Gesamtkalorien*
- *Kohlehydrate: 55 bis 60 Prozent der Gesamtkalorien*

Gutes und schlechtes Cholesterin

Die Hypothese, die auf der Grundlage der Forschungen des Nobelpreisträgers L. Pauling entwickelt wurde, geht davon aus, dass nicht das LDL-Cholesterin, sondern das oxidierte Cholesterin für das Entstehen der Arteriosklerose verantwortlich ist.

Den kleinen Hunger zwischendurch stillt frisches Obst. Ganz nebenbei führen Sie Ihrem Körper damit viele Vitamine und Ballaststoffe zu.

Für Cholesterin gelten folgende Richtwerte: Bei Erwachsenen bis zum 30. Lebensjahr sind Cholesterinwerte von 180 Milligramm pro Deziliter (mg/dl) normal; therapiebedürftig sind Werte ab 200 mg/dl.

Oxidation bedeutet in diesem Zusammenhang, dass beim Stoffwechsel im Körper als Zwischenprodukt Verbindungen aus Sauerstoff und anderen Stoffen entstehen, die Zellen angreifen und schädigen können. Das heißt: Nur Cholesterin, das eine solche Verbindung mit Sauerstoff eingegangen ist, wirkt schädlich.

Helfer gegen Arteriosklerose

Zahlreiche Untersuchungen belegen, dass nur so genannte Antioxidanzien das Entstehen solcher schädlicher Verbindungen zwischen Sauerstoff und Stoffwechselzwischenprodukten unterbinden und damit das Risiko der Arteriosklerose verringern.
Solche Antioxidanzien sind die Vitamine C, A, E und Beta-Karotin, die Aminosäuren Cystein, Glutathion und Coenzym Q10 sowie die Spurenelemente Selen, Eisen, Zink, Mangan und Kupfer. Entscheidend ist, dass durch das Fehlen von Antioxidanzien, insbesondere von Vitamin C, die Gefäßwände unelastisch werden und mikroskopisch kleine Risse bekommen. Diese Risse werden mit Cholesterin verstopft; nicht, weil Cholesterin schlecht wäre, sondern weil der Körper damit die Gefahr eines Blutergusses verhindern will. Die Arteriosklerose wäre bei diesem Mechanismus ein Nebeneffekt, der sich einstellt, wenn wir nicht genügend Antioxidanzien aufnehmen. Wer unter erhöhtem LDL-Cholesterin leidet, sollte also auf die Zufuhr von genügend Antioxidanzien achten.

Um ein Gefäßrisiko möglichst frühzeitig zu erkennen, sollten bei Erwachsenen mindestens alle fünf Jahre die Blutfettwerte und das Verhältnis von LDL- zu HDL-Cholesterin kontrolliert werden.

Wichtige Nahrungsmittelquellen für Antioxidanzien

- Vitamin C (Ascorbinsäure) ist in allen Zitrusfrüchten, in Obst und Gemüse, besonders in Beeren, Orangen, Äpfeln, Bananen, Aprikosen, Papaya, Erdbeeren, Kiwi, Grapefruit, Kartoffeln, Kopfsalat, Brokkoli, Paprika, Rosenkohl, Blumenkohl, Möhren, Spargel und Tomaten enthalten.
- Vitamin A ist ausschließlich in tierischen Produkten enthalten. Der Körper kann Vitamin A selbst herstellen, und zwar aus Beta-Karotin, der Vorstufe von Vitamin A. Beta-Karotin ist in frischen gelben und orangenen Früchten, dunkelgrünem Blattgemüse wie Spinat und Feldsalat sowie in Möhren enthalten.

➤ Vitamin E ist in Pflanzen- und Fischölen (Omega-3-Fettsäuren), in Nüssen, Eiern und Innereien enthalten.

➤ Coenzym Q10 ist in Eiern, magerem Fleisch, Fisch und Pflanzenölen, vor allem in Keimölen wie Weizen- oder Maiskeimöl enthalten. Neben seiner Eigenschaft als Antioxidans hat Coenzym Q10 wichtige herzstärkende Funktionen.

➤ Cystein ist ein Stoffwechselprodukt, das aus dem Abbau des schädlichen Stoffwechselzwischenprodukts Homocystein entsteht. Für den Abbau benötigt der Körper Vitamin B6, das vor allem in Fleisch, Getreide, Fisch, Kartoffeln, Innereien und Milch vorkommt.

➤ Glutathion ist ein Enzym und wird vom Körper selbst hergestellt. Er benötigt dazu Selen.

➤ Selen kommt in Seefisch, Fleisch, Eiern, Getreideprodukten und im Eigelb vor. Da in Deutschland die Böden selenarm sind, ist in unseren Lebensmitteln Selen nur unzureichend enthalten. Selen hilft als Gegenmittel bei chronischen Belastungen mit Schwermetallen wie Blei und Cadmium. Nicht verwendet werden darf es bei Amalgamfüllungen im Mund. In diesem Fall ist die Zufuhr von Zink zu empfehlen. Auch die Anwendung anderer Antioxidanzien ist bei einer Amalgambelastung problematisch.

➤ Zink ist vor allem in Nahrungsmitteln tierischer Herkunft enthalten wie Fleisch, Fisch und Milch. Pflanzliche Kost enthält nur

Eine positive Wirkung auf Gefäßschäden hat der Verzehr von Seefischen. Besonders Nordmeerfische wie Makrelen, Dorsch, Lachs, Heringe haben einen hohen Anteil an ungesättigten Fettsäuren. Empfehlenswert sind zwei bis drei Fischmahlzeiten pro Woche.

Worauf Sie bei Ihrer Ernährung noch achten sollten

- Wenig Zucker und zuckerhaltige Produkte
- Wenig Fleisch und Wurst, mehr Fisch
- Frisches Gemüse, Obst und Getreideerzeugnisse
- Speisen mit Knoblauch und Zwiebeln zubereiten
- Kaffee einschränken
- Weißwein und Rotwein in Maßen, anderen Alkohol reduzieren oder meiden
- Nicht rauchen
- Wenig salzen
- Täglich zwischen zwei und drei Liter Flüssigkeit trinken

wenig Zink. Zinkmangel kann zu Haarausfall führen. Auch schlechte Wundheilung und ein schwaches Immunsystem können auf Zinkmangel hinweisen.

- Mangan ist in allen Getreideprodukten, in Nüssen und grünem Gemüse enthalten.
- Kupfer ist in Nüssen, Vollkornprodukten, Hülsenfrüchten und Leber enthalten. Es ist mitverantwortlich, dass der Körper Vitamin C und Eisen aufnehmen kann. Kupfermangel führt zu Blutarmut.
- Eisen findet sich hauptsächlich in Gemüse und Fleisch. Es ist wichtig für die Blutbildung und das Immunsystem.

Gymnastik bei bereits bestehenden Durchblutungsstörungen

Auch Gymnastikübungen können helfen, Ihre Venen und Arterien zu stärken. Noch mal so viel Spaß macht es, wenn Sie sich dazu eine flotte Musik aussuchen, zu der Sie sich gerne bewegen. Schon zehn Minuten täglich genügen!

Folgendes Übungsprogramm zur Kräftigung der Muskulatur von Füßen, Beinen, Becken, Bauch und Rücken hilft bei bereits bestehenden Durchblutungsstörungen in Beinen und Armen. Bereits zehn Minuten täglich genügen, um Symptome wie kalte Hände und Füße, Kribbeln und Taubheitsgefühl in den Händen zu lindern oder ganz zu beheben. Wie oft Sie die Übungen wiederholen, bleibt Ihnen überlassen.

Übung 1

Ausgangsposition: Sie sitzen aufrecht auf einem Hocker oder Stuhl ohne Lehne. Die Füße stehen parallel auf dem Boden, die Hände liegen entspannt auf den Oberschenkeln. Sie schauen geradeaus und atmen entspannt ein und aus.

Über das Üben

Sie können das Gymnastikprogramm am Morgen nach dem Aufwachen, in der Mittagspause oder abends durchführen. Wann Sie üben, ist egal. Hauptsache ist, dass Sie es regelmäßig tun!

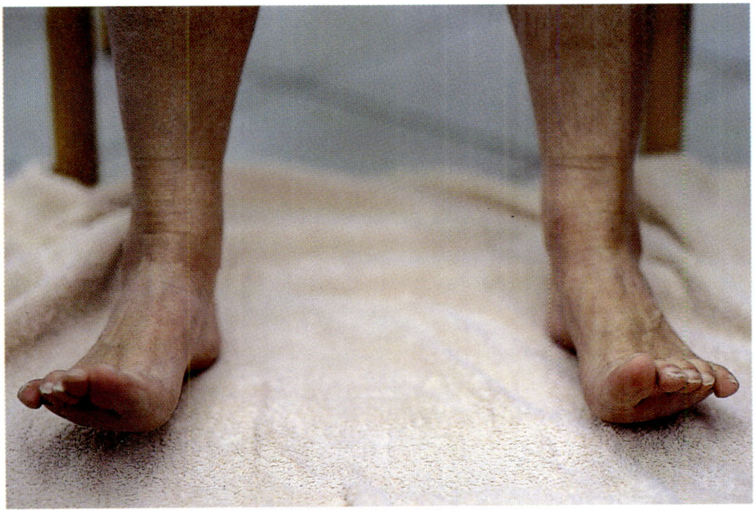

Diese Übung lässt sich auch unbemerkt am Schreibtisch durchführen. Achten Sie generell darauf, sich auch am Arbeitsplatz möglichst viel zu bewegen. Das entlastet überbeanspruchte Muskelpartien und baut Kalorien ab.

- Die Füße abwechselnd rechts und links krallen und spreizen, danach beide Füße gleichzeitig.
- Die Zehenspitzen anheben, die Fersen dabei in den Boden drücken, danach umgekehrt: die Fersen anheben, die Zehen fest in den Boden drücken; abwechselnd rechts und links, danach gleichzeitig.
- Variation: Die Zehen anheben und dabei gleichzeitig den Fuß leicht nach außen drehen. Danach die Ferse anheben und gleichzeitig den Fuß nach außen drehen.
- Variation: Einen Bleistift oder ein Taschentuch mit den Zehen krallen, die Zehen anheben und den Gegenstand ein paar Sekunden in der Luft halten.
- Beine nach vorne strecken. Die Zehenspitzen des rechten Beins anheben und mit der Ferse auf dem Boden nach links und rechts kreisen, dabei das Knie leicht beugen. Beinwechsel.
- Die Zehenspitzen beider Füße gleichzeitig anheben, nach rechts drehen und wieder senken. Die Fersen anheben, wieder senken. Die Zehen anheben und auf den Fersen zur Mitte drehen, Zehen senken, Fersen anheben, senken, Zehen anheben, auf den Fersen nach links drehen, senken usw.

Nach den einzelnen Übungen sollten Sie jeweils eine kurze Pause einlegen, in der Sie locker und entspannt auf dem Rücken liegen und ruhig und tief atmen.

Das Abrollen der Fußsohle stärkt die wichtigsten Hilfsmechanismen des venösen Rückflusses – und zwar die Wadenmuskel- und Sprunggelenkspumpe.

➤ Das rechte Bein angewinkelt über das linke schlagen und mit der linken Hand den rechten Fuß langsam hin und her dehnen. Seitenwechsel.

➤ Variation: Den Fuß in derselben Stellung nach innen und nach außen drehen. Seitenwechsel.

➤ Variation: Die Zehen in derselben Stellung zuerst auseinander spreizen und dann zusammenkrallen. Seitenwechsel.

➤ Variation: Die Zehen gegeneinander spreizen und krallen. Mit der Hand drei Zehen krallen, mit der anderen zwei Zehen spreizen. Seitenwechsel.

Übung 2

Das Hochziehen der Knie aus dem Stand kräftigt die Hüftmuskulatur und wirkt dem Hohlkreuz entgegen.

Ausgangsposition: Sie gehen in den schulterbreiten Stand, die Knie sind leicht gebeugt.

➤ Zuerst mit dem rechten, dann mit dem linken Fuß auf der Stelle auf und ab wippen. Anschließend mit beiden Füßen gleichzeitig wippen.

➤ Die Knie abwechselnd so weit wie möglich hochziehen, die Position ein paar Sekunden halten.

➤ Variation: Die Knie abwechselnd so weit wie möglich hochziehen, dabei mit dem ausgestreckten Bein auf die Zehenspitzen stellen, Position ein paar Sekunden halten.

Übung 3

Ausgangsposition: Sie stützen sich mit ausgestreckten Armen von einer Wand ab.

➤ Einen Ausfallschritt nach vorne machen: Das vordere Bein ist angewinkelt und berührt fast die Wand, das hintere Bein ist gestreckt. Beide Fußsohlen sind fest auf dem Boden. Das Gewicht auf das vordere, angewinkelte Bein verlagern, bis Sie ein Ziehen in der Wade des gestreckten Beins spüren. Seitenwechsel.

➤ Die Beine schließen und nebeneinander stellen. Sie sind gerade und gestreckt. Dabei mit den Armen von der Wand abstützen. Die Füße abwechselnd nach vorne bis zu den Zehen abrollen und wieder zur Ferse zurückrollen.

➤ Die Beine schließen und nebeneinander stellen. Sie sind gerade und gestreckt. Dabei mit den Armen von der Wand abstützen. Die Beine abwechselnd zum Bauch hochziehen und mit dem Knie gegen die Wand drücken.

Übung 4

Ausgangsposition: Sie liegen auf dem Rücken. Die gesamte Wirbelsäule wird auf den Boden gedrückt.

Beim »Luftradeln« werden die Beine entstaut, und die Bauchwand wird gestärkt.

➤ Die Beine senkrecht nach oben strecken, dabei die Füße abwechselnd im schnellen Wechsel kreisen lassen, dann beide zusammen kreisen lassen: erst rechts, dann links herum.

➤ Variation: Mit den Füßen in Richtung Körper vor und zurück wippen.

➤ Im Liegen Rad fahren. Dabei die Beine in unterschiedlichem Abstand zum Boden halten, mal möglichst nah am Boden, mal möglichst nah am Oberkörper.

➤ Die Arme hinter dem Kopf verschränken. Die Beine abwechselnd anwinkeln, zum Kopf hochziehen, strecken und langsam gestreckt wieder zum Boden zurückführen.

➤ Die Beine abwechselnd ausgestreckt nach oben strecken, die Spannung ein bis zwei Sekunden halten, entspannen.

Am wirkungsvollsten, aber auch am schwierigsten ist die Übung, wenn Sie die Beine ganz nahe am Boden halten.

Auch die Wahl des richtigen Schuhs ist wichtig. So lassen hohe Absätze die Wadenmuskulatur verkümmern und den Venendruck absinken.

Übung 5

Ausgangsposition: Sie stehen hinter einem Stuhl und stützen sich mit den Händen auf der Lehne ab.

➤ Wippen Sie zehnmal in den Zehenstand und wieder zurück. Sie können die Übung auch frei, ohne Stuhlstütze, durchführen.

Übung 6

Obwohl Durchblutungsstörungen in den Händen und Armen wesentlich seltener sind als in den Beinen, können auch sie unangenehme Folgen haben. Hier helfen Übungen, die die Armmuskulatur stärken.

Für diese Übung benötigen Sie zehn Minuten. Sie hilft bei kalten Händen und bei leichtem Kribbeln oder Taubheitsgefühl in den Händen.

Ausgangsposition: Sie stehen barfuß oder in Socken auf festem Grund. Idealerweise verwenden Sie eine Iso- oder Gymnastikmatte. Meiden Sie auf jeden Fall kalten Steinboden. Achten Sie darauf, dass Ihre Füße warm sind und dass Ihnen vom Boden her nicht kalt wird. Sie stehen entspannt im schulterbreiten Stand, die Knie sind leicht gebeugt.

➤ Konzentrieren Sie sich auf Ihren Schwerpunkt unterhalb Ihres Bauchnabels, und stellen Sie sich vor, dass Sie Ihr ganzes Gewicht in Ihr Becken verlagern. Atmen Sie dreimal tief in den Bauch ein und wieder aus.

➤ Sie stehen gerade und aufrecht.

➤ Die Schultern fünf- bis zehnmal hochziehen. Die Arme dabei baumeln lassen.

Absatzlose Schuhe hingegen trainieren die Muskelpumpe und aktivieren den Blutrückfluss.

Achtung!

Sollten sich Schmerzen im Schulter-Nackenbereich einstellen oder Sie einen Druck im Kopf verspüren, führen Sie den Arm nur so weit hoch, bis Ihre Schmerzgrenze erreicht ist. Ein leichtes Ziehen im Oberarm ist normal.

- Den rechten Arm senkrecht in die Höhe heben, der Ellenbogen bleibt dabei leicht gebeugt. Die Hand zeigt ebenfalls nach oben. Der linke Arm hängt entspannt nach unten.
- Auf den ausgestreckten Arm konzentrieren und dabei laut im Sekundenrhythmus zählen, wie lange Sie ihn hochhalten können, bis die Muskulatur ermüdet oder Sie ein Kribbeln oder Taubheitsgefühl in der Hand verspüren.
- Zwingen Sie sich nicht, den Arm möglichst lange ausgestreckt nach oben zu halten.
- Notieren Sie die Sekunden auf einem Blatt, das in Ihrer Reichweite liegt.
- Wiederholen Sie die Übung mit dem linken Arm.
- Den rechten Arm heben und mit der Hand eine Faust bilden, die Sie im Sekundenrhythmus öffnen und schließen. Sie können den Rhythmus auch steigern. Wenn Arm und Hand ermüden, wiederholen Sie die Übung mit dem linken Arm.
- Die Schultern fünf- bis zehnmal zu den Ohren ziehen. Die Arme dabei baumeln lassen.
- Dreimal tief in den Bauch ein- und ausatmen.
- Den Händen nachspüren, ob sich dort ein Wärmegefühl entwickelt hat.

Wenn Sie diese Übung täglich zur gleichen Uhrzeit machen, werden Sie nach einiger Zeit feststellen, dass Sie Ihre Arme immer länger ausgestreckt hochhalten können und dass sich Kälte- und Missempfindungen in den Händen tagsüber seltener einstellen und von kürzerer Dauer sind.

Der ideale Schuh hat möglichst wenig Absatz, eine Fersenbeinunterstützung (leichte Innenanhebung des Fußgewölbes), eine weiche Sohle, ein Fußbett und abgeflachte Schuhspitzen.

Den Venenfluss stärken

Eine abschließende Massage Ihrer Hände mit Massageöl stärkt den Venenfluss:

Beginnen Sie bei den Fingerspitzen, und arbeiten Sie sich über die Handinnenfläche und die Außenseite zum Handgelenk vor; dort lassen Sie in sanften Streichungen armaufwärts Ihre Handmassage ausklingen.

Führen Sie diese Bewegungen sanft und ruhig aus. Mit der Zeit können Sie die Zahl der Wiederholungen steigern.

Übung 7

Folgende fünf Übungen stärken die Rücken- und Schultermuskulatur.
Ausgangsposition bei allen Übungen: Sie liegen auf dem Rücken. Ihre Beine sind angewinkelt, Ihre Füße aufgestellt.

- Den Rücken zu einem Hohlkreuz wölben und beim Abheben der Lendenwirbelsäule einatmen, beim Abrollen auf den Boden wieder ausatmen. Fünfmal wiederholen.
- Die Arme hinter dem Kopf verschränken, sodass der Kopf in den Händen wie in einer Schale liegt. Den Rücken zu einem Hohlkreuz formen, der Kopf bleibt dabei unverändert. Beim Abrollen der Wirbelsäule gleichzeitig ausatmen und den Kopf mit den verschränkten Händen so weit wie möglich nach vorne ziehen. Ein Hohlkreuz bilden und den Kopf wieder zum Boden zurückführen. Wiederholen Sie diese Übung fünfmal.
- Das linke angewinkelte Knie mit der linken Hand von außen umgreifen. Den Kopf und den rechten Ellenbogen zum linken Knie führen. Beim Einatmen und Wölben des Rückens gehen Kopf und Ellenbogen wieder in die Ausgangsposition zurück. Nach fünfmal zum rechten Knie wechseln. Kopf und linken Ellenbogen zum rechten Knie führen.
- Entspannt in der Ausgangsposition liegen und bewusst in den Bauch atmen, ohne jedoch die Wirbelsäule vom Boden abzuheben. Beide Arme in Verlängerung der Schultern seitwärts vom Körper wegstrecken. Den rechten Arm hin und her rollen und ihn auf diese Weise immer mehr nach oben schieben, bis die rechte Schulter sich in den Boden drückt. Den linken Arm zur Hüfte schieben, bis sich die linke Schulter vom Boden hebt. Dann den rechten Arm zur Hüfte und den linken nach oben zum Kopf bewegen. Wiederholen Sie diese Übung fünfmal.
- Den rechten Arm nach unten und den linken nach oben rollen und dabei beide angewinkelten Beine zur rechten Seite sinken lassen und den Kopf nach rechts drehen. Wenn der linke Arm nach unten rollt, die Beine zur linken Seite drehen und den Kopf nach links wenden.

Glossar

Antioxidanzien
Vitamine, Enzyme, Mineralstoffe, die verhindern, dass eine für den Körper schädliche Verbindung zwischen Sauerstoff und Stoffwechselzwischenprodukten entsteht

Arterie
Blutgefäß mit sauerstoffreichem Blut

Arteriosklerose
Blutgefäßverengung durch Ablagerung an den Innenwänden des Gefäßes

Atemfrequenz
Anzahl der Atemzüge

Ätherisches Öl
Sich verflüchtigender, für die Pflanze charakteristischer Duftstoff, der in Wurzel, Blüte oder Frucht enthalten ist

Biochemisch
Bezogen auf chemische Lebensvorgänge im Organismus, wie z. B. Verdauung, Atmung, Schweißbildung

Cholesterin
Grundsubstanz für Hormone und Gallensäure

Droge
Im hier verwendeten pharmazeutischen Zusammenhang zu Heilzwecken getrocknete Pflanze

Effleurage
Sanfte, rhythmische, streichende Massage

Ekzem
Hautausschlag

Embolie
Verschluss eines Gefäßes durch ein im Blut nicht lösliches Gebilde; eine Embolie wird lebensbedrohlich, wenn sie in die Lunge gelangt

Enzyme
Eiweiße, die chemische Reaktionen im Körper beschleunigen

Gallensäure
Von der Leber gebildeter Bestandteil der Galle, notwendig für die Fettverdauung

Hämorriden
Knotenförmige Erweiterungen der Blutgefäße im Analbereich

Homöotherm
Von gleich bleibender Temperatur

Hormone
Informationsträger zwischen verschiedenen Zellarten

Hyperventilation
Gesteigerte Atemtätigkeit, die eine erhöhte bzw. überhöhte Sauerstoffzufuhr bewirkt und Erscheinungen wie Schwindel, Schwarzwerden vor den Augen sowie Unruhe hervorrufen kann

Immunsystem
Körpereigene Abwehr

Kapillare
Kleinste Blutgefäße

Lymphsystem
Gefäßsystem zum Transport der Lymphflüssigkeit

Magensaftresistent
Kann nicht vom Magensaft zersetzt werden

Ödem
Schwellung infolge von Flüssigkeitsansammlung im Gewebe

Orthomolekular
Orthomolekulare Medizin ist die therapeutische und auf den betreffenden Patienten und sein Krankheitsbild bezogene Zufuhr von Mineralstoffen, Vitaminen und Enzymen

Oxidation
Chemische Verbindung eines Elements mit Sauerstoff

Peripherie
Vom Herzen entfernt liegende Körperbezirke wie Hände und Füße

Pharmazeutisch
Betrifft Herkunft, Herstellungsweise und Zusammensetzung von Medikamenten pflanzlicher oder chemischer Art

Regeneration
Erholung

Reflektorisch
Unbewusste nervale Reaktion

Schlagvolumen
Die Blutmenge, die das Herz mit einem Schlag auswirft (80 ml)

Schüssler, Dr. Wilhelm Heinrich
Arzt und Homöopath, geb. 1821 in Bad Zwischenahn/Oldenburg, gest. 1898, vertrat die Auffassung, dass bestimmte Verbindungen aus Calcium, Eisen, Kalium, Magnesium, Natrium und Kieselsäure, die zwölf Schüssler-Salze, für jede Körperzelle lebensnotwendig sind

Thrombose
Verschluss eines Blutgefäßes aufgrund eines Blutgerinnsels

Vene
Blutgefäß mit sauerstoffarmem Blut

Vitalkapazität der Lungen
Die Luftmenge, die nach maximaler Einatmung mit einem Atemzug wieder ausgeatmet werden kann

Weltbild Buchverlag

Redaktion:
Christine Bier
Bildredaktion:
Susanne Allende
Umschlag: Lydia Koch, Augsburg
Layout: Fischer's DTP-Studio, München
DTP/Satz: satz & repro Grieb, München
Reproduktion:
Fotolito Longo, Planegg
Druck und Bindung:
Offizin Andersen Nexö – ein Betrieb der INTERDRUCK Graphischer Großbetrieb GmbH, Leipzig

Gedruckt auf chlorfrei gebleichtem Papier

Printed in Germany

ISBN 3-89604-759-0

Die Autorin

Eva Helle lebt und arbeitet als Heilpraktikerin in München. Nach ihrer Grundausbildung in klassischen Naturheilverfahren und Homöopathie lernte sie Fußreflexzonentherapie bei Hanne Marquardt. In den Jahren ihrer praktischen Tätigkeit erweiterte sie ihr therapeutisches Angebot um Magnetfeldtherapie, orthomolekulare Therapie und manuelle Behandlungsmethoden der Wirbelsäule und Muskulatur. Schwerpunkte ihrer Behandlungen sind Durchblutungsstörungen, Ausleitung von Schwermetallen und anderen toxischen Belastungen, Erkrankungen des Bewegungsapparates und Allergien.

Haftungsausschluss

Die Inhalte dieses Buches sind sorgfältig recherchiert und erarbeitet worden. Dennoch kann weder die Autorin noch der Verlag für die Angaben in diesem Buch eine Haftung übernehmen.

Bildnachweis

Traudel Bühler, Augsburg: 25, 97; Image Bank Bildagentur GmbH, München: 2 (Romanelli), 7 (Romanelli), 20 (de Lossy), 21 (Rosario), 26, 27 (Mascardi), 61 (Erlanson), 67 (Romanelli), 86, 112; Jump, Hamburg: 74 (Perret), 93 (Falck), 126 (Sandkühler); Focus Photo- und Presse Agentur GmbH, Hamburg: 22; Mauritius Die Bildagentur GmbH, Mittenwald: 6 (Reinhard), 10 (Phototake), 42 (AGE), 84 (Reinhard), 103 (Reinhard), 107 (Arthur); PhotoDisc, Seattle/Hamburg: 131; Dominik Parzinger, München: 4, 47; PhotoPress Bildagentur GmbH, Stockdorf/München: 94 (Fuhrmann), 95 (Aska), 104 (Rauh), 111 (Aska); Premium. Stock Photography GmbH, Düsseldorf: 35 (Stock Image); Beatrice Schmucker, Augsburg: 131; Tony Stone Associates GmbH, München: 5 (Taylor); Studio für Illustration und Fotografie Sascha Wuillemet: 11, 12, 13, 44, 50, 53, 54, 55; Heidi Velten, Isny: 32, 33, 38, 63, 64, 116, 121, 135, 137; zefa visual media gmbH, Frankfurt: 24 (Rosenbach), 29 (Reinhard), 70 (Voigt), 81 (Rossi), 91 (Rosenfeld), 96 (Rosenfeld), 98 (Hackenberg), 101 (Hackenberg), 109 (Rosenfeld);

Titel: Premium.Stock Photography GmbH, Düsseldorf (Foujols), Rückseite: Jump, Hamburg (Vey).

Literatur

Böhmig, Ulf/Wimpffen, Hans von: Durchblutungsstörungen. Seehamer Verlag. Weyarn, 1998
Böhmig, Ulf/Wimpffen, Hans von: Naturnahe Behandlung: Durchblutungsstörungen. Verlag Orac. Wien, 1994
Kluscz, Thomas/Jünger, Michael: Aktiv gegen Venenleiden. Falken Verlag. Niedernhausen, 1996
Linde, Nikolaus: Venenleiden wirkungsvoll behandeln. Verlagshaus Goethestrasse. München, 1996
Murphy, Monika: Ratgeber Venenleiden. GERMA-PRESS Verlag. Hamburg, 1989
Salzmann, Peter: Venenleiden vorbeugen und behandeln. TRIAS-Thieme Hippokrates Enke. Stuttgart, 1997
Wormer, Eberhard: Durchblutungsstörungen wirksam behandeln. Verlagshaus Goethestrasse. München, 1998

Stichwortregister

A

Abkochung 87, 92
Abreibung 62f.
Akupressur 47ff.
Angelikawurzel, Engelwurz 92f.
ansteigendes Fußbad 73
Antioxidanzien 132
Aorta 12
Armbad 74f.
Armguss 68
Armmuskulatur 139
Arnika 93f.
Aromaöle 23, 29, 40
Aromatherapie 23, 31
arterielle Durchblutungsstörungen 15f.
Arterien 12f.
Arterioskelorse 15f., 18, 132
Atemhilfsmuskulatur 119
Atemtherapie 112ff.
Atemübungen 114ff.
ätherische Öle 23, 30, 48, 76
Atmung 112f.
Aufguss 87f., 92
Auflagen 75ff.
Ausdauertraining 123f.

B

Bäder 71
Badezusätze 83
Bärlapp 95
Bärlauch 95
Bauchatmung 120f.
Bauchmassage 36, 39
Beckenarterien 15f.
Behandlungspunkte 52ff.
Beinarterien 15f.
Beinmuskulatur 137
Beinwurz, Beinwell 96
Blähungen 36
Blutgefäßregulation 80
Blutgerinnsel 17
Blutkreislauf 130
Blutrückfluss 138
Bockshornkleesamen 78
Brennnessel 97
Brustatmung 122
Bürstenmassage 41ff.

C

Cholesterin 130ff.
Coenzym Q10 133
Coldcream Naturel 90
Cystein 133

D

Daumendruck 33
Dehnübungen 128
Dragee 88f.
Durchblutungsstörungen 14ff.
Durchblutungstraining 67

E

Effleurage 31f.
Eigenmassage 33ff.
Eisen 134
Embolie 17
Energiebahnen (Meridiane) 49f.
Entschlackung 81
Entspannung 116
Ernährung 129
Extrakt 86

F

Fettwerte 131
Fitness 123
Fitzgerald, William H. 44
Fußgymnastik 135
Fußreflexzonenmassage, -therapie 43ff.

G

Ganzkörperwaschung 64f.
Gefäße 130
Gehen 126
Gesichtsguss 69
Ginseng 98f.
Glutathion 133
Guss 66
Gymnastik 134ff.

H

Hamamelis 99
Headsche Zone 43
Heilpflanzen 84ff.
Herz 11
Herzkranzgefäße 16
Herz-Kreislauf-System 12
Herzmuskel 11, 80
Herzrhythmusstörungen 57
Heublumen 79
Hirnarterien 16
Hirtentäschel 99f.
Huflattich 100
Hüftmuskulatur 136
Hydrotherapie 59

J

Jogging 126f.
Johanniskraut 101f.

K

Kalmus 102f.
kalte Oberkörperwaschung 65
kaltes Fußbad 73
kaltgepresste Öle 48
Kapillargefäße 12f.

Kartoffelbreisack 79
Kneipp, Sebastian 59
Kneten 32f.
Knoblauch 103f.
Kopfmassage 38f.
Körperkreislauf 12
Krampfadern 16, 35, 77
Krampfadern-Punkte 54
Kräuteröl 90f.
Kreislauf 11, 114
kühlende Wickel 75
Kupfer 134

L

Laufen 126f.
Lavendel 24
Lehm 77
Leinsamen 79
Lendenatmung 121f.
Luffa 42
Luftradeln 137
Lungenkreislauf 12
Lymphflüssigkeit 12
Lymphgefäßsystem 13f.
Lymphozyten 12

M

Majoran 24
Mangan 134
Massage 22ff.
Massagebürsten 49
Massagehandschuh 42
Massageöle 28ff.
maximaler Puls 125
Melisse 24f.
Mistel 104f.
Muskelverspannungen 18f.

N

Narde 25
Nasenatemübungen 118
natürliche Atmung 114
Nervöse Herzbeschwerden 80

O

Orange 25
Oregano 25

P

Packung 75ff.
Partnermassage 37ff.
Punktmassage 51

Q

Quarkwickel 78

R

Rad fahren 128
Ringelbume 105f.
Rose 25f.
Rosmarin 26, 106
Rosskastanie 106ff.
Rückenatmung 122
Rückenmassage 37f.
Rückenmuskulatur 140

S

Salbe 89
Sandelholz 26
Saugpumpe 11
Sauna 80ff.
Schneetreten 70
Schultermuskulatur 140
Schwimmen 128f.
Selen 133
Sisal 42
Skilanglauf 129
Sport 126ff.
Streichen 31

T

Tee 87, 91f.
Teebaumöl 77
Thrombose 17, 35
Thymian 26f.
Tinktur 86, 92
Tinnituspunkte 55
Trägeröle 28, 48
Transportvorgänge 10

V

Venen 12f.
Venendruck 138
Venenerkrankungen 16f., 41
Venenfluss 139
Venen-Walking 127
Verdauungsstörungen 36, 78
Vitamine 132f.

W

Wacholder 108
Wadenmuskulatur 138
Walken 32f.
warmer Wickel 75
Wärmehaushalt 10
warmes Fußbad 74
warmes Halbbad 72
Wasser 56ff.
Wasseranwendungen 59ff.
Wasserhaushalt 57
Wassertreten 69
wässriger Auszug 87
Wechseldusche 71
Wechselfußbad 72
wechselwarme Oberkörper-
waschung 65
wechselwarme Waschung 66
wechselwarmer Knieguss 66
wechselwarmer Schenkelguss 68
Weißdorn 108f.
Wickel 75ff.

Z

Zink 133
Zinnkraut, Ackerschachtelhalm
109f.
Zitrone 27
Zwerchfell 119
Zwerchfellatmung 120